인터넷
빨간책

인터넷 빨간책

디지털 시대,
가축이 된
사람들을 위한
지적 선동

백욱인 지음

Humanist

일러두기

1. 이 책에 실린 글 중 대부분은 2014년 1월부터 6월까지 《경향신문》에 〈뒤집어 보는 인터넷 세상〉이라는 제목으로 연재된 글을 새로 고치고 보완한 것이다.
2. 이 책의 인용문 중 원저자(역자)의 뜻과 상관없는 것이 분명한 오류는 바로잡았다.
3. 본문의 링크(⇒)는 관련 내용이 담긴 장과 쪽수를 표시한 것이다. 링크에 연결된 장제목은 차례에 굵은 고딕체로 표시된 제목을 참고하면 된다. 이 책의 부록으로 수록된 〈인터넷 사전〉의 링크를 따라가면 각 항목에서 자세한 용어 설명을 확인할 수 있다.
4. 각주 중 번호 주에는 인용하거나 참고한 출처를 밝혔고, ★주에는 본문의 이해를 돕는 설명을 담았다.

독자에게

위선자 독자여, 내 동류, 나의 형제여
어리석음, 과오, 죄악과 인색에
정신은 얽매이고 몸은 들볶이니,
우리는 친숙한 뉘우침만 키운다.
거지들이 몸에 이를 기르듯.

우리의 죄는 끈질긴데 후회는 느슨하다.
우리는 참회의 값을 톡톡히 받고
가뿐하게 진창길로 되돌아온다.
비열한 눈물에 때가 말끔하게 씻긴다고 믿으며.

우리를 조종하는 줄을 쥐고 있는 건 저 악마!
우리는 역겨운 것에 마음이 끌려
날마다 지옥을 향해 한걸음씩 내려간다.
겁도 없이 악취 풍기는 어둠을 지나

늙은 갈보의 학대받은 젖퉁이를
핥고 물어뜯는 가난한 난봉꾼처럼
남몰래 맛보는 쾌락 어디서나 훔쳐
말라빠진 귤인 양 죽어라 쥐어짠다.

——샤를 보들레르, 〈위선자 독자에게〉(윤영애 옮김)

인터넷
빨간책

3부 인터넷 지배 장치

턴, 턴, 턴(Turn, Turn, Turn)

세상 모든 것에 때가 있고
하늘 아래 모든 행함은 그들의 시간이 있나니
태어날 때가 있고 죽을 때가 있으며
심을 때가 있고 심은 것을 뽑을 때가 있으며
죽일 때가 있고 치료할 때가 있으며
무너뜨릴 때가 있고 세울 때가 있으며
울 때가 있고 웃을 때가 있으며
슬퍼할 때가 있고 춤출 때가 있으며
돌을 흩어 버릴 때가 있고 돌을 거둘 때가 있으며
껴안을 때가 있고 그를 멀리할 때가 있으며
찾을 때가 있고 잃을 때가 있으며
지킬 때가 있고 버릴 때가 있으며
찢을 때가 있고 꿰맬 때가 있으며
말하지 않을 때가 있고 말할 때가 있으며
사랑할 때가 있고 미워할 때가 있으며
전쟁을 치를 때가 있고 평화로울 때가 있느니라.

—〈전도서〉, 3장 1~8절

    찬미가를 부를 때가 있고 애도가를 부를 때가 있다. 항상 찬양만 하거나 애도를 해서는 안 된다. 하늘 아래 때가 있듯, 인터넷에도 때가 있다. 이제

미하엘 볼게무트, 〈죽음의 무도〉, 1493년

그 때를 알고 무엇을 해야 할지에 대해 고민할 시점이 다가왔다. 지금은 어떤 때인가? 계절은 돌고 돌아 새로 다가오지만, 인생사는 때를 몰라 헛된 짓만 일삼는다. 불현듯 이러다가 곧 마지막 날이 닥쳐오리라는 불안한 느낌이 들었다.

베냐민(Walter Benjamin)은 파리 거리를 걸으면서 근대의 멜랑콜리를 느꼈다. 엘리엇(Thomas Stearns Eliot)은 런던의 밤거리에서 기억이 무뎌지고 의미가 사라지는 근대의 허망함을 노래했다. 나는 이제 대도시의 거리가 아니라 인터넷을 산책한다. 인터넷 모퉁이를 서성거리다 21세기의 우울에 젖는다. 이 기괴한 우울이 과연 생기로 되살아날 수 있을까? 여기서도 빈정거림을 넘어 기쁨과 환희의 살구꽃 춤을 출 날이 과연 올까? 차라리 허무와 우울을 그 끝까지 밀고 나가는 게 솔직하지 않을까? 우울과 기쁨 그리고 퇴폐와 순수, 악의 밑바닥까지 내려가는 일 그리고 다시 천상으로 상승하기 위한 결단. 이런 순환이 그래도 아직 살아 있음을 의미할까? 어느 날 나는 난데없이 인터넷 세상의 악을 뚫고 보들레르(Charles Pierre Baudelaire)의 방황을 흉내 내며 엘리엇처럼 기억의 황무지를 더듬고 싶었다.

현재의 인터넷 세상은 세계를 바꾸려고 하기는커녕 세계를 설명하는 것도 포기한 채 단지 세상을 받아들이고 즐기는 '가축의 왕국'이 되고 있다. 가축의 왕국에는 '경외'와 '불안'이 없다. 인터넷 데이터베이스에 길든 가축들은 바이러스에 쉽게 감염된다. 나는 그들의 반지성을 비판하지만 무책임한 지성숭배를 추종하고 싶지도 않다. 이 책은 낙관을 향한 회의주의자의 글이다.

이제, 아니라고 말해야 할 때인가? 나는 줄곧 인터넷이 가져다준 권능과 그것이 가져올 새로운 가능성을 포기하지 않았다. 그러나 지금은 인터넷이 기로에 선 매우 위중한 때다. 거꾸로 선 행동이 필요한 때다. 지금은 물러서야 할 때고, 돌을 던져야 할 때이며, 찢을 때이자 미워할 때이며, 가진 것을 버릴 때이자 슬퍼할 때고, 말을 해야 할 때며, 전쟁을 벌어야 할 때다. 그래서 나는 반동한다. 반동이 현실에 대한 '반(反)행동'이라면, 그것은 과거와 미래를 현재에서 만나게 하는 역사적 행위여야 한다. 과거로 복귀하는 것은 반동이 아니다. 그것은 희망의 꿈을 지니지 못한다. 내가 말하는 반동은 현재에 대한 부정이자 내일을 향한 희망에서 출발한다. 그리고 무엇보다도 그것은 지금 여기의 행동이자 실천이어야 한다. 나는 믿는다. 다시 세우고 꿰매고 사랑하고 춤출 때가 올 것이다. 그 희망을 품고 나는 지금 반동을 실행하려고 한다. 내가 인터넷과 이용자를 욕하고 미워하고 비꼬고 조롱하는 것은 이 똥바다 같은 인터넷에서 희망과 실천을 건져 내기 위해서다. 그래서 나는 먼저 지금 여기의 멋진 인터넷이 똥바다라는 사실과 누가 인터넷을 똥바다로 만들고 있는지를 드러내려고 했다. 우리는 반동을 통해 인터넷 세상에서 다시 사랑과 세움과 평화와 삶의 때를 맞이해야 한다. 죽음의 골짜기에서 죽은 뼈들이 산 사람으로 되살아나 기쁨의 춤을 추듯 인터넷 세상에 새 생명과 평화가 찾아오길 바란다.

여기에 모은 글들은 여러 문학 장르를 이용해 인터넷 세상을 풀어 놓은 것이다. 이 책은 허구와 현실의 접점에서 만들어졌다. 나는 선인의 입을 빌려 오늘을 보여 주고 싶었다. 그들 뒤로 숨으니 편하게 말할 수 있었다. 이것이 비겁한 짓임을 알고 있다. 그러나 이 또한 거리를 두고 세상을 바라보며 현실로 진입하는 '우회로'다. 이 책은 서로 얽힌 단편들의 모음집인 동시에 한 권으로 집중하려고 노력하며 펜 책(册)이다. 나는 다른 시대, 다른 나라의 시인, 소설가, 평론가, 학자 들을 한데 뒤섞었다. 그들의 시, 소설, 희곡, 평론, 논문을 섞어 오늘의 인터넷을 풀어헤쳐 놓았다. 이 책을 구성하는 글 스물세 편이 때로는 단어와 개념으로, 혹은 이야기로, 그리고 서로 링크가 되어 있다. 이 글들은 다른 층들의 얽힘이고 만남이다. 산 자와 죽은 자가 만나고, 과거와 현재가 뒤섞이고, 현실과 몽상이 하나로 되는 이상한 세상을 통해 인터넷의 현실을 이해하고 그 속으로 우회해 들어가기를 바랐다. 이런 우회로가 필요한 것은 인터넷 세상에 대한 비판의 무기를 만들어야 했기 때문이다.

나는 답답한 설명의 형식에서 벗어나 글을 쓰고 싶었다. 그래서 문학의 다양한 형식을 통해 좀 더 자유롭게 이야기할 수 있었다. 이 또한 엄밀하지 못함에 대한 변명으로 들릴 수 있겠지만, 논문의 엄밀함을 대신해 패러디한 원문의 출처와 생각의 원천을 자세하게 주(註)로 실었다. 독자들이

---

1 카렐 코지크, 박정호 옮김,《구체성의 변증법》, 지만지, 2014, 22쪽.

본문의 흐름과 더불어 주를 참조하면서 현실에 대한 세밀한 분석의 길로 접어들면 좋겠다. 틀에 맞춘 논문은 지루하고 발상을 가로막으며 상상력을 닫아 버린다. 나는 '여러 겹으로 접힌 책', 책의 안과 밖·책과 인터넷·과거와 미래를 연결하고 현실과 상상을 접합하며 서양과 동양·이야기와 논문을 섞어 새로운 책을 만들고 싶었다.

어린 시절에 찾은 청계천 헌책방 거리 구석에는 제목도 없는 빨간 표지의 신기한 책들이 쌓여 있었다. 그중에는 빨간책의 전설로 통하는 《꿀단지》라는 책도 있었다. 그런데 이제 사람들은 달콤한 꿀을 찾아 빨간책을 볼 필요가 없다. 인터넷 골목 어디에서나 그것을 쉽게 접할 수 있기 때문이다. 이 책은 '꿀단지'에 빠진 파리처럼 끈적끈적한 인터넷 꿀통에 빠져 헤어나지 못하는 사람들에게 바치는 애가이자 비판이다. 금기 대상인 빨간책을 자처하니 어찌 보면 황당하기도 할 이 책을 읽는 방법 하나를 알려드린다. 이 책은 앞뒤가 없다. 그러니 처음부터 순서대로 읽을 필요가 없다. 크게 3부로 나누었으나 서로 빛을 비추고 연결되어 있기 때문에 큰 의미는 없는 구분이다. 링크⁼를 따라 장을 옮겨 가며 읽는 것도 이 책을 읽는 또 하나의 방법이다. 여기저기 흩뿌려진 별들을 보고 별자리를 만들듯이 독자 여러분이 여기 실린 글들로 자기만의 배열과 배치를 통해 별자리를 만들어 보길 바란다. 보르헤스(Jorge Luis Borges), 베냐민, 엘리엇, 매클루언(Marshall Mcluhan), 푸코(Michel Foucault), 김수영, 미시마 유키오(三島由紀夫), 잡스(Steve Jobs), 루쉰(魯迅), 오웰(George Orwell)······. 그리고 수많은 단어와 개념을 서로 엮어 만드는 별자리. 나는 선인과 인터넷의 사실 하나하나를 연결해 새로운 별자리를 만들어 본다. 그들에게 말을 걸고, 그들이 서로 만나는 선을 그어 본다. 선인들로 만든 별자리가 말하기 시작한다. 그것은 성좌의 배치*가 빚어내는 말이다. 이 책의 독자들도 스스로 그 별들에게 물어보고, 그들로 하여금 말하게 하고, 그 말들로 자신만의 별자리를 만들어 보면 좋겠다.

★ 베냐민의 '성좌(Konstellation)'를 만드는 일은 이렇게 요약된다. "역사는 사실들의 더미를 모아 동질적이고 공허한 시간을 채우는 것이 아니다. 역사는 '구성(Konstruktion)'이나 구조물의 대상이다. 그것은 어떤 위험한 순간에 섬광처럼 스쳐 지나가는 기억을 붙잡는 일이다. 그것은 억압받던 과거로부터 혁명적 기회의 신호를 인식하고 이를 '지금-여기'에 현재화하는 작업이다. 이로써 과거와 현재가 성좌를 이루고 매초 메시아가 들어올 수 있는 '현재 시간(Jetztzeit)'을 정초하는 것이 역사적 유물론자의 일이다. 그들은 내 기억의 별자리와 우리 역사의 별자리를 만나게 하고, 서로 비추게 하면서 새로운 별자리를 그릴 수 있어야 한다."(발터 베냐민, 반성완 옮김, 〈역사철학테제〉,《발터 벤야민의 문예이론》, 민음사, 1999, 343~356쪽.)

1부

인터넷 사람들

바바라 크루거, 〈무제(당신을 역겹게 만드는 것이 나의 기쁨이다)〉, 1989년

인터넷 십계명

"여호와께서 모세에게 이르시되 너는 산에 올라 내게로 와서 거기 있으라. 네가 그들을 가르치게끔 내가 법과 계명을 친히 기록한 돌판을 네게 주리라."[1] 모세는 40일 동안 시나이 산에 머물다가 신이 직접 계명을 새겨 준 돌판을 들고 산 아래로 내려왔다. 그런데 백성들이 금송아지를 만들어 숭배하는 모습을 보고 모세는 십계명이 적힌 돌판을 산 아래로 던져 버렸다. 모세가 자기 형 아론에게 왜 이런 일이 일어났냐고 따져 물으니, 아론은 사람들이 그들을 인도할 신을 만들어 달라 하여 그들의 금귀고리를 모아 금송아지를 만들었다고 변명했다. 화가 난 모세는 우상을 숭배했던 3000여 명의 이웃을 죽여 버렸다.[2]

---

1 〈출애굽기〉, 24장 12절.
2 앞의 책, 32장.

나, 바다를 가르고, 노예였던 백성을 이집트의 압정에서 구해 낸 인터넷 모세가 천지 사방의 인터넷 신민들에게 고하노니, 너희는 내가 신에게서 받은 열 가지 계명을 지켜 행하라.

하나, 나 이외의 다른 '신(미디어)'을 섬기지 말라. 나는 길이요 진리요 생명 이니, 너희는 내 안에 거하라. 내게는 너희들이 원하는 모든 것이 있으니 나 이외의 미디어는 필요 없느니라. 그러니 너희는 온종일 내 곁에 머물 라. 내 이를 위해 스마트폰=인터넷 사전. 스마트폰과 앱이라는 자식을 만들어 너희 에게 보내노니 언제 어디서나 곁에 두고 나를 떠나지 말지어다. 네 머리가 온통 파편화된 정보와 모듈화된 지식으로 꽉 찰 때까지 나와 혼연일체가 되라. 그리하면 현실 세상이 너를 더는 자극하지 못하리라. 네가 인터넷이 될 때까지, 너희가 반인반기(半人半機)의 경지에 이를 때까지, 인터넷의 정 보가 너의 뇌 속으로 흘러 들어오도록 매일 24시간 동안 껌처럼 내게 달 라붙어 있으라. 그리고 나를 믿지 않는 놈들은 모두 너희 적이니, 그들을 저주하고 욕하라.

둘, 너희들은 너나 나를 위해 어떤 형상도 만들지 말라. 이미 내 안에 모든 것이 있지 않더냐? 또 위로 하늘에 있는 것이나, 아래로 땅에 있는 것이나, 물속에 있는 것의 어떤 모양도 만들지 말라. 너희들은 단지 내 안에 있는 콘텐츠를 복제해 만방에 퍼뜨리라. 내가 너희에게 이르노니, 너희가 스스 로 새것을 만들어 숭배하지 말고 남의 저작물을 따다 여기저기 전파하라. 블로그나 게시판에 옮기고 카피라이트=인터넷 사전. 저작권법 내거는 짓을 스스럼 없이 저지르라. 무식과 반항은 동서고금을 통해 항상 젊음의 특권이 아니 더냐? 월드와이드웹은 너희가 이 세상 어디에 있을지라도 나와 결합하게 해 준다. 그것은 내가 특별히 버너스 리(Tim Berners Lee)를 시켜 정보의 공유를 위해 만든 건축물이니라. 그가 만약 게이츠(Bill Gates)처럼 지적재산권을 밝히고 돈벌이에 눈이 뒤집혔다면 오늘의 인터넷은 존재하지 않았을지도 모른다는 쓸데없는 상상은 추호도 하지 말라.

셋, 너는 내 이름을 헛되이 사용하지 말라. 네 주위의 모든 것을 인터넷이라 부르지 말라. 오직 필요한 때만 내 이름을 부르라. 여기저기서 저마다 인터넷을 말하지만 진정한 인터넷은 나뿐이니라. 나는 에스겔로 하여금 마른 뼈가 가득한 골짜기에서 뼈들을 살아 춤추게 했다. 에스겔이 죽음의 골짜기에서 죽은 뼈들을 산 사람으로 되살린 것처럼 나는 너희들의 마른 뼈로 새로운 생명을 만드느니라.[3] 너희, 가짜 선지자들과 디지털 사제들은 내 이름으로 온갖 사기와 거짓 희망을 팔고 다니지 말라. 오직 돈과 경영과 능력과 경쟁만을 내 안에 거하게 한 너희 죄로 말미암아 너희 자손에게 엄청난 벌이 내릴 것이다. 그러니 너희 스스로 너희 죗값을 치러, 그것이 너희 자손에게 미치지 않도록 힘쓰라.

넷, 너희가 엿새 동안 수고하며 너희의 일을 할 것이나, 일곱째 날은 나의 안식일인즉 그날에는 아무 일도 하지 말라. 세상의 잉여=인터넷 사전, 잉여 인간들에게 이르노니, 일주일에 하루는 트위터든 페이스북이든 구글=인터넷 사전, 구글과 네이버 검색이든 아무것도 하지 말고 그냥 푹 쉬라. 너희에게 이것이 가장 어려운 일임을 내가 익히 아느니라. 하지만 너희가 내 곁에 오래 머물러 있으려면 이날은 쉬어야 하느니라. 이 세상 누구를 막론하고 이를

---

3 〈에스겔서〉, 37장.

어기고 무리하면 오래 못 가 죽느니라.

다섯, 네 부모를 공경하라. 그리하면 내가 너희에게 준 땅에서 너희가 길이 살리라. "지혜로운 아들은 아비를 기쁘게 하거니와 미련한 아들은 어미의 근심이니라."[4] 그러니 너희는 미련하게 굴지 말고 지혜를 쌓아 네 부모를 섬기라. 너희 부모가 종편 방송만 보고 카톡밖에 못 하는 속물=인터넷 사전. 속물이라고 그들을 무시하지 말라. 그들도 이제 너희와 크게 다르지 않게 되리라. 과거의 삶에서 건져 올린 오래된 기억을 먹고 사는 그들도 곧 나 없이는 못 살게 될 것이니라. '속물과 잉여'[5]가 하나 되는 그날이 속히 오기를 기원하노라. "아비를 구박하고 어미를 쫓아내는 자는 부끄러움을 끼치며 능욕을 부르는 자식이니라. 내 아들아, 지식의 말씀에서 떠나게 하는 말을 듣지 말지니라."[6] 젊은 잉여들이여! 너희는 더 나이 들기 전에 "네 어린 날을 네 맘대로 인터넷에서 보이는 대로 쫓아 행하라. 그러나 내가 이 모든 일로 너를 심판함을 알라."[★]

여섯, 살인하지 말라. 너희는 사람을 죽이지 말라. 죽은 자가 산 자보다 복되더라도 산 자를 죽이지 말라. 이웃에 대한 분노가 치밀어 오를 때는 차라리 물건을 사라. 거침없이 온라인으로 신상을 지르라. 급할 때는 학교 과제도 구매하라. 스스로 생각하는 능력이 없으면 돈으로 능력 있는 생각

---

4 〈잠언〉, 10장 1절.
5 백욱인 편저, 《속물과 잉여》, 지식공작소, 2013.
6 〈잠언〉, 20장 26~27절.
★ "청년이여 네 어린 때를 즐거워하며 네 청년의 날을 마음에 기뻐하며 마음에 원하는 길과 네 눈에 보이는 대로 쫓아 행하라. 그러나 하나님이 이 모든 일로 너를 심판하실 줄 알라."(〈전도서〉, 11장 9절.)

을 사라. 그러면 생각하는 고통도 덜고 흘러넘치는 시간도 때울 수 있으리라. 너희는 빨리빨리의 즉각성에 익숙한 배달의 족속 아니더냐? 무지하게 빠른 택배가 너희의 육체와 욕망을 이어 주지 않더냐? 온라인 콘텐츠는 내 피와 살이니 너희가 선 자리에서 내려받아 바로 마시고 즐기라.

일곱, 간음하지 말라. 인터넷의 꽃은 포르노라는데, 간음하지 말고 그냥 보고 즐기라. 당장 '아줌마'라는 검색어 하나만 내게 던져도 온갖 재미있는 영상이 줄줄이 낚일 것이다. '득템'한 포르노는 혼자 보지 말고 친구들에게 나눠 주라. 너희가 내게서 받은 만큼 이웃에게 베풀어야 하지 않겠느냐?

여덟, 도둑질하지 말라. 나는 정보의 바다니, 내 드넓은 품 안에서 마음껏 정보를 낚아 올리라. 남의 것도 네 것이고, 네 것은 원래 네 것이 아니냐? 그러니 주인이나 소유권은 '따지지도 묻지도 말고' 남의 생각도 스스럼없이 네 것과 융합하라. '창조경제'는 융합이니라. 그것이 어디서 처음 나왔는지 스스로도 모를 정도로 표절에 표절을 거듭하라. 네 것과 남의 것의 구분이 없어질 때까지 열 번 넘게 표절하라. 그리하면 표절이 창조로 거듭나는 기적을 보게 되리라. 너희는 지칠 때까지 공유하고, 인증샷을 올리며, '좋아요'를 누르고, 때로는 댓글로 욕하라. 자기과시와 자랑이 너희를 곧 지치게 하리라. 구글, 페이스북, 네이버, 애플……. 너희 중 큰 자에게 권하노니, 너희도 이용자 활동 결과물을 도둑질 하지 말라. 도둑질 하지 말고 그냥 갖다 쓰라. 이용자들도 이미 너희가 제공한 서비스를 그냥 갖다 쓰지 않더냐? 지금도 너희, 큰 자들은 대단히 잘하고 있지만 앞으로 더 잘해 크게 융성하라.

아홉, 너희는 네 이웃을 대적해 거짓 증언하지 말라. 무릇 지도자는 '바다는 못 가르고 국민만 갈라'[7]서는 안 되느니라. 너희는 공연히 네 이웃과 대적해 거짓 증언하다 큰일 당하는 국정원의 꼴을 보고 있지 않느냐? 거짓을 증언하지 말고 '좋아요'만 누르거나 리트윗만 하라. 그래도 꼭 댓글을 남기고 싶으면 간결하게 쓰라. 길면 네 비좁은 머리로는 스스로 무슨 말을 하는지 중간에 잊어버릴 테니. 댓글은 두 문장을 넘지 말라. 남이 쓴 글이 마음에 안 들면 주저 없이 저주하고 욕하라. 욕은 강력하게 구사하고 가능하면 주저 없이 곧바로 인신공격으로 들어가라. 그러나 잊지 말라. "함정을 파는 자는 거기 빠질 것이요 담을 허는 자는 뱀에게 물릴 것이다. 돌을 떠내는 자는 그것 때문에 상할 것이요 나무를 쪼개는 자는 그것 때문에 위험을 당하리라."[8]

열, 너희는 네 이웃의 재물을 탐내지 말라. 다만 그것을 복사하고 또 복제해 이 세상 널리 퍼뜨리라. 그러면서 내 안에서 마음껏 즐기고 욕하고 놀라. 호빵과 담배를 함께 찌고, 젖병 만들다가 심심하면 고무 꼭지도 빨라. =아큐정전, 28쪽 창조란 안 하던 짓을 해야 가능한 것이니 미친 짓 하기를 게을리 하지 말라. 그 대신 너희는 왼손이 한 일을 오른손이 알게 하라. 남에게 알리고 즉석에서 인정받으라. 패러디가 인터넷 문화의 정수라고 하니, 닥치는 대로 패러디하라. 패러디는 약한 자를 조롱하거나 욕보이는 비굴한 자의 도구가 아니라는 사실 따위는 잊어버리라.★ 패러디가 힘을 가진 자

---

7 〈한겨레 그림판〉: 바다는 못 갈라도 국민은 가른다, 《한겨레》, 2014. 9. 1.
8 〈전도서〉, 10장 8~9절.
★ "약한 자를 약하다고 탈취하지 말며 곤고한 자를 성문에서 압제하지 마라."(〈잠언〉, 22장 22절.)

와 권력에 대한 비판의 무기가 아니라 약한 자를 조롱하는 야비함이라고 받아들이라. 그리하여 노래 속 놀부처럼 행동하라. "저 놀부 두 손에 떡 들고 가난뱅이 등치고 애비 없는 아이들 주먹으로 때리며 콧노래 부르며 물장구치며 저 놀부 두 손에 떡 들고 순풍에 돛을 단 듯이 어절시구…… 콧노래 부르며 덩실덩실."[9] 마지막으로 내가 너희에게 간절히 이르노니, 나와 내 것을 '민영화'하지 말지어다.

모세가 신에게서 십계명 돌판을 받은 지 1300여 년이 지난 뒤 나사렛에서 태어난 예수가 "나는 너희에게 새 계명을 주겠다. 서로 사랑하라. 내가 너희를 사랑한 것처럼 너희도 서로 사랑하라."[10] 하고 새로운 계명을 주었다고 전한다.

---

9 최창남 곡, 〈저 놀부 두 손에 떡 들고〉.
10 〈요한복음〉, 13장 34절.

필립 거스턴, 〈그림 그리고, 담배 피우고, 먹고〉, 1972년

인터넷 아큐정전

그의 이름은 아큐다. 그 이름의 의미가 '비빌 언덕이 없다'라는 설이 있고, '구석 탱이로 몰리다'라는 설도 있으며, 최근에는 '나, 병신 바보'라는 새로운 설도 제기 되었다. 그는 공허한 영웅주의와 패배주의가 범벅이 된 행동을 보이고, 가상 세계 와 현실 세계의 균형이 무너질 때 나타나는 자포자기와 사도마조히즘 증세를 드 러냈다. 현실 세계에서 당한 무시와 멸시를 가상 세계에서 자위와 공격으로 풀어 낸다. 그는 가상과 정신의 힘에 기댄 '정신 승리법'으로 현실의 핍박과 궁핍을 이 겨 낸다. 그러나 그를 둘러싼 현실은 하나도 변하지 않는다. 후대 사람들은 그의 행동에서 드러나는 멍청한 현실 인식과 자기기만, 강자에게 굴종하고 약자를 괴 롭히는 근성을 한데 묶어 '아큐 정신'이라고 조롱했다. 그러나 그는 매우 연약하 고 불쌍한 우리 시대의 존재이기도 하다. 우리 속에는 여전히 아큐 정신이 살아 꿈틀대고 있다.★

★ 루쉰이 20세기 초에 그린 '아큐 정신'이 오늘날 인터넷 세상에서 새로운 모습으로 되살아나고 있다. 이 글은 〈아큐정전(阿Q正傳)〉(김시준 옮김, 《루쉰 소설 전집》, 을유문화사, 2008.)을 바탕으로 만들 어졌다.

아큐 2014

올해 서른세 살인 아큐는 대학을 졸업할 때만 해도 그런대로 잘나갔다. 군대 생활도 큰 사고 없이 마쳤다. 그의 말대로라면, 그는 잘 살았고 공부도 그런대로 했으며 특별히 못하는 게 없는 인간이었다. 그러나 제대 후 취직이 안 되면서 삶이 꼬이기 시작했다. 그는 성실하게 생활하려고 노력했으나 제대로 된 직장 잡기가 몹시 힘들었다. 몇 년간 고시 공부도 해 보고 대기업에 취업하기 위해 온갖 시험도 치러 보았으나 돌아오는 결과는 낙방뿐이었다. 취업 경쟁의 고통으로 그의 머리는 '라이창빠(癩瘡疤, 부스럼으로 생긴 대머리)'가 되어 버렸다. 몇 년째 도무지 잘 돌아가는 게 없었다. 그러나 그의 자존심만은 결코 무너지지 않았다. 오늘도 동네 PC방에 들렀다가 소주 먹던 동네 양아치들에게 꿀밤만 서너 대 얻어맞고 나왔다. 모두 자기를 바보로 보는 것 같았다.

그들은 아큐를 볼 때마다 "오우, 이제 아주 반질반질해졌는걸! 이제 보니 사계절 수박이 여기 있었네."라며 그의 머리를 쓰다듬다가 쥐어박곤 했다. 그들은 아큐가 굴욕에 자긍심이 상했으리라 생각했으나, 아큐는 바로 승리감에 취해 의기양양해진다. 그는 자신을 스스로 벌레처럼 하찮은 존재로 생각해 버린다. 그러면 건달들은 결국 벌레를 곯린 꼴이 되니까. "나는 벌레야, 버러지라고." 아큐는 자신을 경멸하는 첫 번째 사람이 바로 자기 자신이라고 생각했다. 자신을 경멸한다는 말을 빼 버린다면 남는 것은 '첫 번째 사람'이다. 그것이 무엇이든 어디에서나 '첫째, 일등'은 항상 좋은 거야. 이렇게 묘한 방법으로 승리하고 나면 아큐는 바로 기분이 좋아진다. 이것이 소위 그의 '정신 승리법' 신공이다.

그는 길 건너에 새로 생긴 PC방으로 들어가 양아치들을 피해 구석 자리에 앉았다. 새로 출시된 게임 '콜 오브 듀티(Call of Duty)'를 불러낸다. "그래, 신나게 죽이고 부숴 버리는 거야. 그런데 가만, 이건 또 뭐냐? 음, 욕하고 똥 싸지르고 뭉개고……. 게시판 글쓰기와 댓글 달기도 게임만큼 재미있구나. 일단 무조건 반말로 시작하는 규칙이 아주 맘에 드네. 이제까지 내가 동네 양아치들에게 머리카락을 쥐어 잡히며 푸대접받은 지 몇 년이더냐? 계집애들은 나를 본 체도 안 하고, 사람들은 바보 취급하고, 집에 들어가면 잔소리나 듣지. 내가 그리던 세상이 여기 있구나. 여기에서라면 내 정신 승리 신공이 마음껏 나래를 펼 수 있겠다."―오웰, 122쪽 아큐는 우연히 알게 된 게시판에서 '정신 승리법'을 한껏 구사했다. 게시판 이용자들은 서로 격려하면서 그들만의 공동체를 꾸려 나갔다.

아큐가 현실을 대할 때 발휘하는 신공은 '노려보기'와 '정신 승리'다. 그는 상대로부터 굴욕을 당하거나 부당한 대우를 받으면 그저 노려볼 뿐이다. 말이나 행동으로 대처하지 않는다. 노려보기와 정신 승리 신공은 서로 합쳐질 때 그 파괴력이 배가된다. 노려보면서 정신은 이미 승리하기 때문이다. 아큐는 현실 세계에서 실패와 굴욕을 겪지만 정신적으로는 오히려 승리감에 젖어 득의양양해진다. 그러다가도 갑자기 자신을 짐승이나 벌레로 격하하면서 '병신 놀이'를 즐긴다. 그는 맹목적인 애국에 대한 망상과 턱없는 자기 비하 사이를 시도 때도 없이 오간다. 현실에서 당하는 치욕과 실패에는 적극적으로 대응하지 못하고 가상 세계로 쉽게 빠져들어 자기보다 약한 사람에게 온갖 분풀이를 해 댄다. 그는 현실이 고통스러우면 가상 세계로 들어가고, 가상 세계에서 인정받기 위해 현실 세계에서 기행을 저지른다. 그런데 현실 세계에서는 늘 바보 취급을 당한다. 그는 이런 경험 때문에 인터넷 세상으로 들어갈 때 스스로를 '병신'이라 칭하며 자기 정체성에 방어막을 친다. 이 방책은 나름대로 잘 먹혀들었다. 병신을 자처하는 자들이 모여 공동체를 만들고 가끔씩 현실 세계로 건너가서 저지른 용감무쌍한 행동을 무용담으로 늘어놓으며 서로 낄낄댔다. 그러나 현실에서는 노예 처지를 넘어서지 못했다. 그는 스스로 자기 삶의 주인이 되지 못했고 주체로 불리지도 못했다. 현실 세상에서 아큐는 늘 춥고 배고픈 잉여=인터넷 사전, 잉여였다. 그는 인터넷 세상과 결별하고 현실 속으로 들어가지 못한다. 그를 받아들이지 않는 사회의 완강함과 잘못된 구조가 그를 다시 인터넷 세상에서 떠돌게 한다. 그는 잉여가 되고 싶지 않은 잉여였다. 현실 세상과 인터넷 세상은 삐거덕거리며 서로 맞지 않았다. 그는 혁명을 일으켜야 한다고 느꼈고 얼핏 세상이 바뀌는 징후를 보았다. 그러나 몇 번씩 구직에 실패한 그는 이제 적극적으로 일자리를 찾으려 들지 않았다. 그러다 보니 아큐는 스스로 무엇을 원하고 추구하는지도 모를 지경에 이르렀다.

호빵 인증샷 사건

아큐는 3박 4일 동안 콜 오브 듀티에 몰입하다가 배고픔에 지쳐 동네 어귀 편의점에서 알바를 시작했다. 인터넷 게시판에는 정신 승리법을 현실 세계로 확장하려는 인증샷 놀이가 한창이다. 정신의 승리에만 자족하지 말고 현실에 개입해 자신의 우월성과 용기를 인정받으려는 놀이다. "그래, 오늘은 나도 인증샷에 도전해 보자!" 아큐는 편의점 문 옆에 놓여 있는 김이 모락모락 오르는 호빵 찜통에 담배 두 개비를 집어넣었다. "흐흐, 아무도 이런 짓을 생각하지는 못할 거야. 내가 이 짓을 하는 최초의 인간일 거야. 최초는 창의적인 사람만이 할 수 있지. 인터넷 게시판에 사진을 올리고 인증받아야겠어. 인증샷은 나에 대한 사람들의 인정으로 가는 길목이거든."* 아큐는 스마트폰을 꺼내 사진을 찍으려고 자세를 잡았다. 그때 굵은 막대기가 부스럼 난 그의 머리통을 사정없이 내리쳤다. "야, 이놈아, 이

미친놈아. 누구 가게 말아먹을 일 있냐?" 주인아저씨의 대막대기로 여러 번 얻어맞은 라이창빠에는 바로 울퉁불퉁한 혹이 서너 개 불거졌다. 인증이고 나발이고 머리통 안 깨진 게 다행이었다. 편의점 주인은 아큐를 붙잡아 각서를 쓰게 했다.

앞으로 한 달 동안 찌는 모든 호빵은 내가 사 먹는다.
호빵 값은 한 달 품삯에서 제한다.

말도 안 되는 억지 조항이지만 아큐는 그것을 받아들일 수밖에 없었다. 아큐는 주인에게 크게 사죄하고 가게를 나와 아무 생각 없이 거리를 쏘다녔다. 찬바람을 맞으며 아큐가 혼자 중얼거렸다. "우리 집도 전에는…… 네까짓 놈보다 훨씬 더 잘살았어! 편의점 주인 따위가 뭐라고!" 기분을 잡치고 배가 고픈 데다 술 생각도 나서 단골 술집에 들렀는데, 주모가 외상술은 어림도 없다고 문전박대했다. 주머니에 돈 한 푼 없는 아큐는 동네 막노동판을 기웃거렸으나 아무도 그에게 일거리를 주려고 하지 않았다. 성실하게 돈을 벌려고 노력해도 배를 곯을 수밖에 없다. 확실히 '개 같은 세상'이었다.

★ 2013년 12월 27일, 온라인 커뮤니티인 일간베스트 저장소 게시판에 회원 '노○○'이 작성한 글이 '편게이(편의점 근무자)다. 평가 좀'이라는 제목으로 올라왔다. 이 회원은 출근하자마자 담배를 찜통에 넣어 봤다며 한 시간 뒤에 결과를 알려 준다 하고 호빵 찜통에 담배 두 개비를 넣은 모습이 담긴 사진을 올렸다. '냄새 나게 담배를 왜 넣느냐'는 질문에 '알로에 냄새가 난다'고 당당히 대답하기도 했는데, 논란이 커지자 하루도 안 돼 자필 사과문을 올렸다.

애국수컷혁명당

아큐는 어릴 때부터 남자를 유혹하려는 여자, 곧 자신에게 말거는 여자를 조심해야 한다고 생각했다. 그러나 평소 '보슬아치'★들은 그를 보고 웃기는커녕, 말 한마디조차 걸어오지 않았다. 그러면 그럴수록 여자에 대한 아큐의 갈망은 커졌고 그만큼 여자들이 미워졌다. 그러던 어느 날 그가 매일 찾아가는 인터넷 게시판에 웬 광고가 종일 떠다니고 있었다. "애국과 수컷이 만나다. 애국수컷혁명당으로 오십시오. 당신을 애국 남성으로 만들어 드립니다." "애국수컷혁명이라? 그거 괜찮은데. 개 같은 놈의 세상, 뒤집어 엎어야 해. 나도 애국 수컷이나 되어야겠네. 가만, 수컷은 자동으로 됐는데, 애국은 뭐로 하나?" 아큐가 애국을 위해 무엇을 해야 할지를 고민하며 지내던 어느 날 드디어 애국의 일거리를 찾게 되었다. 그는 게시판에서 은밀하게 유통되고 있던 '애정부 산하'=오웰, 118쪽 특별 부서의 애국 댓글 모집 광고를 보고 알바를 하게 돼, 한 달 동안 코피를 쏟을 만큼 열심히 일했다. 한 달 치 급여를 받은 아큐는 오랜만에 단골 술집에서 수육에 막걸리를 거나하게 걸치고 있었다. 이를 본 건달패가 다가와 아큐에게 돈을 번 내막을 꼬치꼬치 캐물었다. 아큐는 사실 별 세 개짜리 회사에 취직한 게 아니라 애국 댓글 알바를 했다고 자랑스럽게 말했다. 그렇다고 자신이 직접 글을 쓰거나 댓글을 단 것은 아니고 '좋아요'를 누르거나 리트윗만 했다고 고백했다. 그 말을 들은 동네 건달들은 역시 아큐는 존경할 만한 존재가 못 된다고 결론 내렸다.

★ 인터넷 게시판에서는 잘난 체하는 여자를 그렇게 불렀다. '2009년 말부터 본격적으로 인터넷에서 사용되기 시작한 비속어/은어'(https://mirror.enha.kr/wiki/보슬아치)로, 여성 생식기를 가리키는 속어의 앞 글자와 벼슬아치를 합해 만든 단어다.

애국 혁명의 종말

아큐의 꿈은 동네 사람들에게 인정받고 돈벌이도 그런대로 하면서 평범하게 사는 것이었다. 그러나 돈벌이도 사회적 인정도 갈수록 그와는 멀어졌다. 그런 생활이 지속되다 보니, 거들먹거리는 선비 놈들과 자신을 거들떠보지도 않는 보슬아치들에 대한 증오가 가슴 깊은 곳에서 솟구쳐 오르기 시작했다. 아큐는 그들을 혼내 주는, 뭔가 폼 나는 일을 벌여 보고 싶었다. "애국수컷혁명! 좋았어. 혁명이 성공하면 지식인 나부랭이들과 건방진 계집년들을 한꺼번에 날려 버릴 수 있어. 내 앞에서 무릎을 꿇고 살려만 달라고 애걸하겠지. 봐주는 거 없다. 이놈들. 이제부터 내가 갖고 싶은 계집은 다 내 것이다. 건너 마을 예술가 낸시랑 호빵 회사 딸 호리 중 누가 더 나을까?" 아큐는 이런저런 공상을 하다 잠이 들었다. 이튿날 느지막이 일어나 거리로 나갔으나 세상은 역시나 아무것도 달라지지 않았다. 배는 여전히 고팠고 아무도 그에게 관심을 주지 않았다.

　그러던 어느 날 일본에서 건너 온 분사촌대(糞四寸待)=똥바다가, 69쪽 와 그 일행이 애국당에 가입하고 받은 당원 시계를 자랑하며 거리를 활보하고 다녔다. 거리에서 마주친 이들은 아큐를 본 체도 하지 않았다. 아큐는 매우 못마땅했지만 애국당원이 되려면 그저 댓글 달기나 리트윗 정도로는 어림도 없다는 사실을 깊이 깨달았다. 그는 일단 애국당원과 연줄이 닿아야 한다는 사실을 알아차렸다. 그래서 애국당에 커다란 영향력을 행사하고 있던 분사촌대에게 부탁해 보기로 마음먹었다.

"에…… 저……."

"뭐야, 이건?"

"저도……."

"나가!"

"저도 애국 혁명을 하고…….'"

"썩 꺼져 버려!"

분사촌대는 들고 있던 지팡이를 높이 쳐들었다. 최근 고깃집에서 애국당에 가입한 몇몇 동네 건달 노인들도 덩달아 소리쳤다.

"분사촌대 선생께서 나가라잖아. 나가, 인마. 말이 안 들려?"

아큐는 물러날 수밖에 없었다. 거리로 나오자 가슴속에서 서글픔이 물밀 듯 몰려왔다. 아큐는 이제까지 이렇게 진한 아픔과 쓸쓸함을 맛본 적이 없었다. 애국이고 수컷이고 모든 게 무의미해졌다. 모욕감에 얼굴이 달아올랐고 앙갚음을 하기 위해 당장 애국을 그만두고 수컷도 포기하고 싶었지만 그럴 수도 없었다. 그는 한밤중까지 술집에서 술을 마시다가 술집이 문을 닫을 때쯤에야 터벅터벅 집으로 돌아왔다.

그날 밤 잠을 이루지 못하고 아침 녘까지 뜬 눈으로 고민하던 아큐는 스스로 혁명을 저지르기로 작정했다. 일본의 애국 혁명 지사인 미시마 유키오=미시마 유키오, 35쪽처럼 할복으로 내 뜻을 드러낼까? 아니면 나를 홀대하고 무시한 애국당에 폭탄을 던져 버릴까? 그런 고민을 하고 있는데, 장정 서너 명이 갑자기 문을 박차고 아큐를 덮쳤다. "너를 반혁명죄로 체포한다." 그들은 영문을 몰라 어리둥절해하는 아큐를 포승으로 묶은 뒤 수레에 태웠다. 길거리 양옆에는 구경꾼들이 쑤군거리고 있었다. 그때야 아큐는 사태가 이상하게 꼬였음을 알아차렸다. '목 잘리러 가는 건가?' 그는 눈앞이 캄캄해졌다. 뜻밖에도 구경꾼 속에 낸시와 호리도 서 있었다. 그들을 이렇게 가까이서 보기는 처음이었다. 아큐는 이 상황에서 자신이 배짱도 없이 노래 한마디 부르지 못한다는 게 너무나 부끄러웠다. 그때 머릿속에서 그가 아는 노래 제목이 회오리처럼 스쳐 갔다. "그래, '채찍을 손에 들고 네 년을 칠 테다'를 부르자." 그는 율동과 함께 노래를 부르려고 손을 들어

올리려다가 자신의 두 손이 뒤로 묶여 있음을 깨달았다. 그래서 노래 부르기를 포기했다. 그러나 아직 정신을 잃지는 않았다. "살다 보면 목이 잘리는 수도 있어."라고 정신 승리 신공을 거는 순간 귀에서 윙 소리가 났다. 그리고 온몸이 두부 깨지듯 사방으로 흩어졌다.

여론은 결코 아큐의 편이 아니었다. 사람들은 모두 아큐가 나쁘다고 떠들었다. 그들은 그가 총살당한 것이 바로 그가 나쁘다는 증거라고 말했다. 그리고 사람들은 죽기 전에 노래 하나도 부르지 못한 그를 시시하기 짝이 없는 사형수라고 조롱했다. 아, 인간사 매정하기란…….

---

1 루쉰, 김시준 옮김, 《루쉰 소설 전집》, 을유문화사, 2008, 178쪽.

무라카미 다카시, 〈꽃과 해골〉, 2012년

근대 고릴라,
미시마 유키오의 우국

도쿄대 '젠교토(全共鬪)'★ 학생들은 미시마 유키오를 힘센 '근대 고릴라'라고 불렀다. 그가 근대를 이야기하던 1960년대는 이제 다 지나갔다. 그 시대, 근대의 아들과 딸은 수상과 대통령이 되었다. 인터넷 세상에서는 이제 편평 납작한 '포스트모던'의 자식들이 번성하고 있다. 패전 이후 고도성장기에 일본의 근대를 다시 세워 보려고 했던 미시마 유키오, 그의 자위대 진입과 할복 퍼포먼스는 일본의 근대를 넘어서기 위한 우국 행위였을까? 아니면 극우 '똘아이' 쇼? 지금 우리에게 나라를 걱정하는 게 무슨 의미가 있나? 그의 입에서 나오는 말을 타산지석으로 쓸수 있을까?

★ 1960년대 후반에 결성된 일본의 학생운동 단체, 전국학생공동투쟁회의의 약칭이다.

근대와 소시민

나는 전후 미군 지배 아래 고도성장을 통해 대량생산되던 소시민을 증오했다. 그들이 소비자본주의의 욕망과 '중산층 일체화'*의 신화에 빠져드는 게 한심하기 짝이 없었다. 일본의 전후 대중소비사회는 구심 없는 허구였으며, 자본주의의 더러운 모습을 수면 밑에 감춘 빙산이었다. 나는 그들, 소시민이 역겨웠고 그들의 도덕관을 부숴 버리고 싶었다. 나는 소비자본주의에서 대중의 혼을 갉아먹는 병든 천황의 모습을 보았다. 패전 후 일본에서 신이던 천황은 인간으로 하락했고, 신민은 거꾸로 짐승에서 '인간'으로 상승했다. 그 뒤 일본은 인간이 거주하는, 평화로운 제작자와 상인들의 나라가 되었다.

그래서 나는 진정한 하늘의 왕을 찾고 싶었다. 먼 과거에 존재하던 일본의 천황을 되살리고 싶었다. 이미 미국이 나자빠트린 천황이었지만, 그것이 다시 자위대와 결합한다면 제국이 부활할 수도 있다고 생각했다. 그것은 천박한 소비자본주의 나라를 구해 낼 이상이고 꿈의 세계였다. 내가 기꺼이 몸을 바칠 국가가 있고, 그것을 위해 죽는다면 나는 미(美)의 세계를 하나 이룰 수 있다고 생각했다. 나는 천황 없는 자위대를 천황을 위한 군대로 만들고 싶었다.

"나는 안심하고 살고 있는 일본의 보통 사람이 싫었다. 나는 일본의 권력 구조, 체제의 눈 속에서 불안을 보고 싶었다."[1]

한국은 꼭 20~30년 차이를 두고 일본 뒤를 졸졸 따라다녔다. 그러나 인터넷이 일상화되고 세계화가 추진되던 1990년대 후반 이후 그런 시차는

★ 1960년대 일본 정부가 전 국민을 중산층으로 만들겠다며 펼친 정책이다.
1 미시마 유키오 외, 김항 옮김, 《미시마 유키오 대 동경대 전공투》, 새물결, 2006, 20쪽.

미시마 유키오가 1970년 11월 25일 할복자살을 하기 전,
도쿄 이치가야의 자위대 건물 2층 발코니에서 연설을 하고 있다.

무의미해졌다. 1960년대 고도성장기의 일본인들처럼 안심하고 지내던 당신들이 다행스럽게도 요즘 대한민국 체제 속에서 불안을 보기 시작했다. 아마 지금쯤 당신들도 초인이 필요할 거다. 천황은 그런 초인의 메타포였다. 나는 유교나 기독교 윤리에 얽매이는 천황이 아니라 '프리섹스' 하는 천황이 보고 싶다. 나는 바보 천황을 모시려고 하는 아베 병신 같은 말을 하는 게 아니다.

　많은 한국인이 나를 그냥 '배 째고 죽은 똘아이 우익' 정도로 생각한다. 미안하지만 나는 시대착오적인 천황제를 주장한 골 빈 똘아이가 아니다.

　"나는 오지도 않을 미래에서 내 행동의 근거를 마련하지 않는다. 그 대신 나는 그것을 과거에서 찾는다."[2]

당신들의 근대 시인 김수영도 〈거대한 뿌리〉에서 과거와 전통에 기대지 않았던가? "전통은 아무리 더러운 전통이라도 좋다(중략) / 버드 비숍 여사를 안 뒤부터는 썩어 빠진 대한민국이 / 괴롭지 않다 오히려 황송하다 역사는 아무리 / 더러운 역사라도 좋다"[3] 그러나 김수영의 '놋주발'과 나의 '일본도'는 다르다. 놋주발은 '쨍쨍'거리지만 일본도는 '쉬익'한다. 나는 시간 속에 사는 인간이지 공간에 정주하는 인간이 아니었다. 그래서 내게는 당대의 혁명보다 역사가 중요했다.

당신들은 지금 끔찍한 사고와 사건 앞에서 분노하고 있지만, 나는 차라리 불안을 직시하라고 권한다. 이제 나는 그동안 불안해하지 않던 당신들의 눈에서 불안을 본다. "우리는 이제 / 차디찬 사람들을 경멸할 수 있다 어제 국회 / 의장 공관의 칵텔 파티에 참석한 천사 같은 여류 / 작가의 냉철한 지성적인 눈동자는 거짓말이다 / 그 눈동자는 피를 흘리고 있지 않다 / 선이 아닌 모든 것은 악이다 신의 지대에는 중립이 없다"[4] '네 눈은 피를 흘리고 있지 않다'고 당신들의 시인은 읊조렸다. 나는 일본인들에게서 불안을 읽고 싶어 했지만, 시인은 당신들에게서 분노와 행동을 찾았다. 이제 나 또한 분노하지 않는 당신들이 불안하다는 사실을 안다. 시인처럼 나에게도 중립은 없다. 나는 날달걀이나 완숙 달걀은 먹어도 반숙 달걀은 안 먹는다. 이제 그대들도 내 우국지심이 무엇이었는지를 조금이나마 이해할까?

---

2 앞의 책. 67쪽.
3 김수영, 〈거대한 뿌리〉, 《김수영 전집 1: 시》, 민음사, 2003.
4 김수영, 〈이혼 취소〉, 앞의 책.

가축 먹이가 되는 사상

나는 우쭐대는 다이쇼 시대 교양주의의 콧대를 꺾어 버린 '젠교토'에 경의를 보냈다. 나는 사상과 지식에 힘이 있다고 생각하면서 그것만으로 사람들 위에 군림하는 속물 지식인이 지긋지긋했다. 그런데 지금 인터넷 공간은 세상을 바꾸려고 하기는커녕 그것을 설명하는 것도 포기한 채 그저 세상을 받아들이고 즐기기만 하는 가축의 왕국이 되고 있지 않나? 납작해진 대중을 위한 속물 교양이 판치고 인문학 전도사들은 장사에 열을 올린다. 자칭 철학자가 연애 상담으로 돈을 벌고, 속물 교양을 팔면서 세파에 지친 자들을 윽박지르거나 위로한다. 나는 인터넷 세상의 그런 불안과 부재를 경멸한다. 나는 세계를 설명하는 데 만족하는 지성에 환멸을 느낀 사람이다. 그렇다고 데이터베이스에 의존해 길드는 가축들의 반지성을 따르고 싶지도 않다. 내 반지성은 지성숭배를 뛰어넘은 지점에서 출발한다.

인터넷 세상의 빅데이터=인터넷 사전, 빅데이터는 모든 것을 '계산 가능한 것'으로 만들어 버린다. 계산 가능한 것은 예측 가능한 것으로 이어지고, 결국 통제 가능한 것으로 전환된다. 이것이 데이터베이스 감시이고 통제이며 사이버네틱스=새번, 211쪽가 노리는 목적이다. 이런 사회에서 '자유'와 '정의', '진리'라는 이야기는 이제 통하지 않는다. 인터넷 세상에서는 말과 사물이 가짜로만 일치하기 때문이다. 인터넷 세상의 데이터베이스 시대에는 시인의 노래도 소설가의 이야기도 존재하기 힘들다. 그런 세상에서 나는 육체를 잃어버린 소설가에 불과할 것이다.

주어진 환경을 받아들이고 사색 대신 검색에 만족하면서 가축이 되어 버린 인터넷 이용자가 시를 읽거나 생사와 관련된 윤리적 판단을 내릴 수 있을까? '환경 관리 사회'의 젊은 오타쿠 '잉여=인터넷 사전, 잉여'들은 스스로 배를 가르지 않는다. 대한민국에서는 오직 '가스통 할배'들만 직접 행동한다고 들었다. 아름다움도, 죽음도, 에로스의 찬란함도 내가 할복할 때 모두 함께 죽어 버렸다. "〈히시야마 슈조〉의 낙엽이 생활인 것처럼 / 5·16 이후의 나의 생활도 생활이다 / 복종의 미덕! / 사상까지도 복종하라! / 일본의 〈진보적〉 지식인들이 이 말을 들으면 필시 웃을 것이다 / ― 당연한 일이다"[5]

일본에서 1980년대에 등장한 만화 캐릭터 오타쿠, 일본 대중문화에서 비롯된 '모에 캐릭터'에 열광하는 인터넷 세상의 오타쿠들은 먹이를 향해 달려드는 단순화되고 즉물화된 애완동물들이다. 나를 기리는 '미시마 유키오 상'을 2010년에 받은 아즈마 히로키(東浩紀)★는 인터넷 세상을 '동물화하는 포스트모던'[6]이라고 불렀다. 인터넷 세상은 자기 머리로 스스로 생각하던 사람들을 반복과 작은 차이에 열광하는 가축으로 길들이고 있다. 이 세상 어디에도 존재하지 않는 캐릭터인 시뮬라크르를 인터넷 데이터베이스를 통해 축적하고 교환하면서 오타쿠는 빅데이터의 애완동물=인터넷 사전, 인터넷 이용자[1]이 된다. 아즈마 히로키는 데이터베이스가 지배하는 '아키텍처형 관리사회'에서 '동물이 되고 있는 오타쿠'를 보았다. '전자 밀실 안에 웅크리고 있는 나르키소스'는 '부드럽게 관리'된다.[7]

일본의 사상은 내용 자체의 충실도가 아니라 행위를 통해 형성된다. "꼭

---

5 김수영, 〈전향기〉, 앞의 책.
★ 오타쿠 문화 비평가 아즈마 히로키는 그의 첫 장편 소설 《퀀텀 패밀리즈(クォンタム·ファミリーズ)》(이영미 옮김, 자음과모음, 2011.)로 2010년 미시마 유키오 상을 받았다. 그는 "무심코 생각한 것을 쓰려면 픽션을 사용할 수밖에 없었다."고 말했다. 이 소설은 평행우주론을 본격적으로 차용해 문학적 서사와 버무리는 데 성공했다는 평가를 받았다.
6 아즈마 히로키, 이은미 옮김, 《동물화하는 포스트모던》, 문학동네, 2007.
7 사사키 아쓰시, 송태욱 옮김, 《현대 일본 사상》, 을유문화사, 2010, 88쪽.

의식적이지 않은 경우까지 포함하여 내용에 비해 행위에 압도적인 중점이 놓여 있는 상태가 바로 일본 사상의 특색이다."[8] 내가 일본의 사상가 반열에 드는 이유가 이것이다. 내 생각과 사유의 내용보다 내가 행한 퍼포먼스가 더 위대하다. 자위대에 난입하는 용기, 단신으로 도쿄대에 뛰어 들어가 학생들과 대담을 나누는 만용, 할복해 자살하는 최후까지 내 삶은 퍼포먼스로 점철되어 있다. 내 소설조차 일종의 퍼포먼스다. 나는 사상의 내용보다 수행이 앞섰던 사이비 지식인의 전위다. 한국의 근대를 상징하는 김수영 시인은 술 먹고 집으로 돌아가다 버스에 치여 죽었다. 그것은 사고였다. 하지만 나는 자위대 본부에 진입해 배를 가르지 않았나? 내 죽음은 퍼포먼스였기 때문에 사건이다. 나는 사건을 일으키고 싶었다. 나는 내가 수행해야 할 구실을 찾아 죽음으로 실천했다. 적어도 내 육체와 생각은 분리되지 않았다는 것을 죽음으로 보여 주었다. 이게 내 힘이자 매력 아니겠는가?

일본의 사상 퍼포먼스는 과거의 낡음과 자신의 새로움 사이에 날카로운 대립항을 제시한다. 그래서 내용 없이 돌출하는 행동과 부흥회 같은 강연이 사상계 진입의 지름길이 된다. 요즘은 아예 시뮬라크르 사상가를 만들어 내기도 한다. 시장에서 팔리고, 퍼포먼스 잘하고, 강연 무대에서 연기 잘하고, '내가 새로운 것 하나 들고 나왔다'고 소리치면 사상가로 등극할 수 있다. 한국도 일본과 비슷하게 퍼포먼스 없이는 사이비 사상가의 문턱에도 진입하지 못한다. 요즘은 그래도 염치가 있는지 사상가라는 말은 차마 못 쓰고 스스로를 철학자라고 부르는데, 그 또한 웃기기는 마찬가지다. 그런데 당신들의 인터넷 세상에서는 '인터넷 논객'=인터넷 사전, 인터넷 논객들

---

8 앞의 책, 19쪽.

이 출몰한다고 들었다. 우리나라의 사무라이나 자객처럼 그들은 서로 정면 대결은 하지 않은 채 뒤통수를 때리거나 딴죽을 걸고 욕지거리를 하면서 유명해진다. 시작도 모르는 것들이 '끝장 토론'을 들먹이며 죽기 살기로 물고 늘어진다. 대중이 열광해 따르면 '형아'가 되고, 그 '형아'를 쫓아다니면서 씹어 대는 사람도 덩달아 논객이 된다. 속물 교양은 이런 식으로 만들어진다.

육체와 초월

내가 도쿄대 교양학부 900호 교실로 찾아갔을 때 도쿄대 젠교토 학생들은 나를 '근대 고릴라'라고 불렀다. 그런데 나는 고릴라보다는 원시인에 가깝다. 나는 원시의 몸에 기대어 훌륭하고 힘센 근대 초인이 되고 싶었다. 나는 적어도 요즘 인터넷 세상의 포스트모던 동물이나 가축=인터넷 사전, 인터넷 이용자[1]은 아니었다. 나는 체제의 끝장을 보고 싶었다. 집권당은 더욱더 반동적이고 야당은 더욱더 폭력적이어야 한다고 생각했다. 그래야 끝장이 난다.

나는 육체와 칼로 세상을 초월해 보려고 했다. 나는 정신이 아니라 육체를 확장하고 싶었다. 당신들은 육체 바깥으로 한 치라도 나갈 수 있나? 시나 사유로 정신을 확장해 세계를 포괄하고 지배할 수 있다고 생각하는가? 당신들이 존경하는 시인은 "졸렬과 수치가 그들 자신을 반성하지 않는 것처럼 / 바람은 딴 데에서 오고 / 구원은 예기치 않은 순간에 오고 / 절망은 끝까지 그 자신을 반성하지 않는다"[9] 하고 노래했다. 나는 구원이 예기치 않은 순간에 온다는 그의 말을 믿지 않는다. 나는 그와 반대로 방향을

---

9 김수영, 〈절망〉, 앞의 책.

세웠다. 육체를 강화하고 확장해 행동하기로 했다.

그가 칭송한 '복사씨와 살구씨와 곶감씨'가 '아름다운 단단함'을 갖고 있기는 하지만, 그들은 피지 못한 미래의 씨다. "복사씨와 살구씨가 / 한번은 이렇게 / 사랑에 미쳐 날뛸 날이 올 거다!"[10]라는 사랑의 변주곡 또한 연주되지 못하는 불모의 씨다. 멋진 환상이지만 그런 단단함에서는 생명이 나오지 않는다. 사쿠라 꽃잎이 눈처럼 흩날리는 풍경을 봄마다 만나 본 내게 살구씨 변주곡은 개꿈일 뿐이다. 당신들의 시인이 죽기 얼마 전부터 죽은 전통의 '씨'가 아니라 살아 있는 '풀'을 찾아 나선 것이 그나마 다행이다. 뒤집힌 포스트모던의 시대에 그대들이 돌아갈 전통의 '복사씨와 살구씨'는 없다.

몸이 허약했던 시인은 '절정 위에는 서 있지 않고 암만해도 조금쯤 옆으로 비켜설 수밖에 없었다.'[11] 그러나 스스로 몸을 만든 나는 내가 원할 때 절정에 설 수 있었다. "나는 바리케이드나 돌이 아주 직접적으로 자연으로 복귀하는 감각을 제공한다고 본다. 나는 전공투 어린아이들보다 좀 더 진보한 문명을 갖고 있기에 일본도로 복귀하였다."[12] 데이터베이스가 모든 것을 편평하게 만드는 인터넷 세상에서 당신들이 만질 수 있는 육체와 직접적 자연으로 복귀하지 않는 한 앞으로 별 희망이 없을 거다. 조언 하나 하자. 육체와 자연으로 돌아가는 투쟁을 조직하라. 내가 배를 가른 것처럼 직접 행동을 펼치라. 내가 말하는 자연은 짱돌과 아스팔트와 육체와 폭력이다. 나는 결국 일본도로 내 배를 가르는 육체와 자연의 연기를 실현해

---

10 김수영, 〈사랑의 변주곡〉, 앞의 책.
11 김수영, 〈어느 날 고궁을 나오면서〉, 앞의 책.
12 미시마 유키오, 앞의 책, 39쪽.

보여 주지 않았나?

　내가 보기에 당신들은 여전히 한심하고, 당신들에게 근대는 아직도 '멀고 먼 길'이다. 이제 1970년대 당신들의 '저항 시인'이 내게 선물한 〈아주까리 신풍(神風)〉을 내가 그대들에게 고스란히 돌려드린다.

　　아주까리 신풍 — 김지하에게★

　　별것 아니여
　　일본 놈 똥 먹고 피는 무궁화여
　　폐기 처분한 유신과 고철로 만든 유람선이란 말이여
　　뭐가 대단혀 너 몰랐더냐
　　비장 처절하고 아암 처절하고말고 처절 비장하고
　　처절한 국격도 한류도 별것 아니여
　　미친년 미자바리 미친 듯이 핥으면서 미쳐 버린
　　미친놈이지,
　　미칠 것 같은
　　너희들의 죽음은 식민지 땅 위에
　　주리고 병들고 묶인 채 외치며 불타는 식민지의

★ 별것 아니여 / 조선놈 피 먹고 피는 국화꽃이여 / 빼앗아 간 쇠그릇 녹여버린 일본도란 말이여 / 뭐가 대단해 너 몰랐더냐 / 비장처절하고 아암 처절하고말고 처절비장하고 / 처절한 신풍(가미카제)도 별것 아니여 / 조선놈 아주까리 미친 듯이 퍼먹고 미쳐버린 / 바람이지, 미쳐버린 / 네 죽음은 식민지에 / 주리고 병들어 묶인 채 외치며 불타는 식민지의 / 죽음들 위에 내리는 비여 / 역사의 죽음 부르는 / 옛 군가여 별것 아니여 / 벌거벗은 여군이 벌거벗은 갈보들 틈에 우뚝 서 /제멋대로 불러대는 미친 미친 군가여(김지하, 〈아주까리 신풍(神風)〉 − 미시마 유키오에게〉, 《타는 목마름으로》, 창작과비평사, 1982.)

죽음들 위에 내리는 비여, 그러나 너는
역사의 죽음 부르는 너는
옛 군가여 별것 아니여
벌거벗은 여군(女軍)이 벌거벗은 내시들 틈에 우뚝 서
제멋대로 불러 대는 미친 미친 군가여.

제이케이 켈러, 〈재스퍼 존스에 동조하며〉 중 한 장면, 2014년

심슨, 저작권을 훔쳐라

미국의 반문화 활동가 호프먼(Abbie Hoffman)은 1971년에 출간된《이 책을 훔쳐라(Steal This Book)》를 통해 청년들에게 자유롭게 세상을 버텨 나가는 방법과 정부와 기업에 대항하는 갖가지 수단을 알려 주었다. 해적판으로 찍었는데 입소문을 통해 베스트셀러가 된 이 책은 '살아남으라', '투쟁하라', '해방하라' 3부로 구성되어 있다. 그중 1부 '살아남으라'에서는 옷, 신발, 밥, 집과 사랑까지도 돈 한 푼 없이 맨손으로 해결할 수 있음을 보여 준다. 이 책을 읽고 호머 심슨이 크게 감동했다. 그가 가족과 〈트랜센던스(Transcendence)〉를 보러 극장에 갔다가 상영 직전에 나오는 국가 연주와 광고에 화가 나 3차원 영상 고글 장비를 부수고 항의하다 극장 문을 지키는 '어깨'에게 쫓겨났다. 집으로 돌아온 호머는 분을 가라앉히며《이 책을 훔쳐라》를 읽었다. 철 지난 책이지만 이 책이 그에게 1960년대의 자유와 공동체에 대한 향수를 불러일으켜 주었다.★

★ 이 글은 2014년 1월에 방영된 만화영화 〈심슨(The Simpsons)〉 25시즌 9화 'Steal This Episode'를 바탕으로 만들어졌다.

아름다운 뒷마당 영화

《이 책을 훔쳐라》를 읽는 동안 호머는 점점 더 디지털 저작권에 대한 반감이 커졌다. 그는 빈집에 들어가 살기도 하고, 남이 버린 이불이나 집기를 가져다 쓰던 1960년대 히피의 자유와 나눔의 정신에 깊이 빠져들고 있었다. 물질도 그렇게 나누는데, 디지털 파일이야 아무리 복제한들 뭐가 문젠가? 호머는 아들 바트가 극장에서 다 못 본 영화를 인터넷에서 내려받을 수 있다고 알려 주자 주저 없이 해적 사이트에 접속해 토렌트로 영화 파일을 내려받았다.

그는 전날 자신이 다섯 명 푯값을 지불하고도 영화를 끝까지 못 보고 쫓겨났으니 그 영화를 집에서 다시 봐도 별 문제가 없다고 생각했다. 호머는 기왕 보는 거 동네 사람들과 함께 보면 더욱 재미있겠다는 생각이 들었다. 그는 색소폰을 불고 있던 딸 리사를 시켜 동네 사람들에게 〈트랜센던스〉를 집 뒷마당에서 오늘 저녁에 상영하니 많이 모이라고 전했다. 저녁 무렵 동네 사람들이 하나둘씩 호머네 뒷마당에 모이기 시작했다. 동네 사람들은 5월의 시원한 야외에서 프로젝터를 통해 인공지능 초월자에 관한 영화를 아주 재미있게 보았다. 동네 사람들은 오랜만에 1960년대 유랑 극단이 온 것처럼 박수 치고, 흥분하고, 욕하고, 노래하며 그야말로 쌍방향으로 영화를 즐겼다. 극장이 아닌 호머네 뜰에서 공동체의 체험을 나눈 동네 사람들은 뒷마당을 나서며 연신 그에게 고마움과 경의를 표했다. 호머는 기분이 정말 좋아졌다. 아카시아 꽃향기가 살짝 코끝을 스쳐 가는 봄밤에 자신의 창의적인 아이디어로 동네 사람들이 공유와 나눔을 실천했으니 스스로 대견하고 그지없이 기뻤다.

그런데 동네 사람들이 모두 집으로 돌아가자, 잠자리에 들려던 마지는 남편 호머의 행위가 왠지 찜찜했다. 그녀는 인터넷에서 영화를 내려받는 게 저작권법에 위배된다고 숱하게 들었다. 더구나 그 영화는 지금 극장에서 상영되는 최신작이 아닌가? 호머 혼자 골방에서 본 것도 아니고 동네 사람들을 모두 불러다 공개 상영까지 했다. 마지는 대학 시절에 한국산 비디오를 볼 때마다 마주치던 '호환, 마마보다 더 무서운 것은 불법 비디오'라는 문구를 머릿속에서 떨쳐 낼 수 없었다. 그뿐 아니라 미국산 비디오 영화를 시작하기 전에 자막으로 뜨던 FBI의 무서운 경고도 자꾸 떠올라서 불안하기 짝이 없었다. "저작권이 있는 영상물을 불법으로 복제, 배포, 소매, 방송, 스트리밍 및 다운로드, 공개 전시하면 연방 법률에 따라 강력한 민형사상의 처벌을 받을 수 있습니다. 저작권 침해 범죄는 FBI가 담당하며 최대 5년의 징역이나 25만 달러의 벌금형에 처해질 수 있습니다."[1] 영화 한 편 내려받아 보다가 FBI의 수사 대상이 된다니, 이해하기 힘든 일이었지만 어쨌든 무서웠다.

특히 한국 비디오 경고문의 마지막 구절, "한 편의 비디오, 사람의 미래를 바꾸어 놓을 수도 있습니다."가 가장 마음에 걸렸다. 마지는 남편 호머의 인생이 영화 한 편 내려받아 상영한 것으로 깡그리 무너질 수 있다는 데까지 생각이 미치자 떨리는 손으로 FBI 저작권 관할 부서에 전화를 걸었다. 마지는 몰려오는 두려움을 억지로 참으면서 남편의 아름다운 뒷마당 영화 감상을 저작권 관련 범죄 담당 부서 요원에게 일렀다. 담당 직원은 집 주소와 위치, 호머의 인상착의를 확인했다. 마지는 오로지 '이 불법 비디오가 호머의 인생을 파괴할 수 있다'는 것만 생각했다. 그녀는 더 큰 불행이 닥쳐 가정이 박살 나기 전에 사태를 수습하고 싶었다.

---

1   미국 연방법 제17편 제501, 506, 508조.

스웨덴 해적당

10여 분이나 지났을까? 갑자기 사방이 소란해지면서 경찰차의 사이렌이 요란하게 울렸다. 중무장한 기동 경찰이 집을 에워싸고, FBI 특공대 요원들이 마당 안으로 뛰어 들어왔다. 확성기에서는 귀에 익은 경고가 나왔다. "옛날 어른들에게는 호환·마마·전쟁 등이 가장 무서운 재앙이었으나, 현대의 어른들은 무분별한 불량 불법 비디오를 시청함으로써 비행 중년이 되는 무서운 결과를 초래하게 됩니다. 우수한 영상매체인 인터넷 비디오를 바르게 선택, 활용하여 맑고, 고운 심성을 가꿔 우리 모두가 바른 길잡이가 되어야겠습니다. 아, 아. 아, 아." 뒷마당에 도착한 연방 저작권 수호 특공대장이 확성기로 경고했다. "너희들은 완전히 포위되었다. 저작권법을 우습게 보고, 불법적으로 영화를 상영한 악성 저작권 범죄자 호머 심슨은 들어라. 당신은 미국 연방법 제17편 저작권법=인터넷 사전, 저작권법을 위반했다. 아, 아. 꼼짝 말고 이리 나와라." 무장한 요원들이 담을 넘어 도망가는 호머를 현장에서 체포했다. 호머는 누가 그 아름답던 뒷마당 극장을 FBI에 밀고했는지 알 도리가 없었다. 특공대장은 호머를 째려보고 비뚤어진 입을 씰룩이며 말했다. "돈 안 내고 내려받은 영화를 보면 감옥에 간다는 걸 몰랐나?" 호머는 속절없이 체포되어 호송되었다.

그러나 호머는 호송 차가 사고로 전복된 틈을 타 탈출을 감행했다. 만신창이가 되어 겨우 집으로 돌아온 호머는 가족들을 데리고 해적당의 나라 스웨덴의 대사관으로 피했다. 스웨덴 대사는 그들을 따뜻하게 맞아 주었다. 대사가 알려 주는 해적당 강령은 호머가 보기에 아주 매력적이었다. "우리 해적당은 변화된 인터넷 시대에 맞춰 저작권법을 완전히 고치려 합니다. 저작권자와 이용자 간의 새로운 관계를 통해 지식의 자유로운 교환이 이루어져야 합니다. 해적당은 디지털 저작물에 이용자가 자유롭게 접근하고 그를 서로 나눠야 한다고 믿습니다. 우리 해적당은 예술가들과 교류하면서 창작을 북돋을 방법을 찾고 있습니다. 해적당은 개인 용도로 이루어지는 파일 복사와 공유를 범죄시 하는 행위 자체가 오히려 범죄임을 선언합니다. 해적당은 저작권 보호 기간을 최대한 단축하려고 합니다. 모든 인터넷 이용자는 지식에 자유롭게 접근해야 합니다. 인터넷 세상에서 저작권이 사라질 때 지식의 세계가 만개하게 될 겁니다."[2]

마침 대사관을 방문 중이던 스웨덴 해적당의 창시자 폴크빈지(Rick Falkvinge)는 기본 소득과 저작권 제도 개혁이 왜 한 덩어리로 추진되어야 하는가에 대해서도 설명해 주었다. 그는 잉여=인터넷 사전, 잉여들의 활동을 무상으로 수취해 돈을 벌어들이는 SNS(소셜네트워크서비스) 플랫폼=SNS 플랫폼, 185쪽 업체들은 잉여들의 기본 생활을 위한 수입을 지원할 의무가 있다고 주장했다. 그들이 공짜로 이용자 활동 결과물을 수취해 이윤을 남겼으니, 최소한 그들이 공짜로 가져간 수익의 일부는 사회로 돌려주어야 한다는 것이다. 그는 인터넷 세상을 헤매는 잉여들은 저작물을 훔쳐 공유하는 해적이고, 거대 플랫폼 업체들은 잉여들의 활동을 훔쳐 독점하는 도적이라고 주장했다. 당신은 공유하는 해적과 독점하는 도적 중 어느 편에 설 것인가? 그는 해적과 도적이 적절한 선에서 타협해 생활에 필요한 기본 소득을 사회적으로 확보해야 한다고 강조했다.

그러면서 그는 인터넷 세상의 잉여들이 사기꾼 멘토에 기대거나 엉터리 힐링을 기대하지 말아야 한다고 당부했다. "우리 시대의 인터넷 잉여들은 스스로 정치 일선에 뛰어들어 그들의 생활상 요구를 지원하고 주장하는 정당을 만들어야 합니다. 잉여는 스스로 서야 합니다." 호머는 그의 말

---

2 마르틴 호이즐러, 장혜경 옮김, 《해적당》, 로도스, 2012, 116~157쪽 참조.

에 큰 감동을 받았다. 40여 년 전 호프먼의 외침, "이 책을 훔쳐라!"가 오늘날 해적당에서 실현되는 것을 보았다. 역사는 그렇게 이어지고 있었다.

스웨덴 대사관에서 며칠을 보낸 호머는 우연히 자신의 부인 마지가 자기를 고발한 사실을 알고 크게 놀랐다. 인생, 사랑, 가족, 저작권. 갑자기 모든 것이 혐오스러워졌다. 그는 스스로 대사관을 나와 정문 앞에 대치하고 있던 저작권 특공대원에게 투항했다. 그는 저작권 범죄자 전용 수용소로 보내졌고, 마침내 재판일이 다가왔다.

호머의 법정 최후 진술

법정에서는 미국영화협회(MPAA) 회장 도드(Christopher Dodd)가 증인으로 나서 호머를 적나라하게 비난하기 시작했다. "4월 26일은 '세계 지적재산권의 날'입니다. 마침 세계지적재산권기구(WIPO)는 2014년의 표어를 '영화: 전 지구적 열정(Movies: A Global Passion)'으로 정했습니다. 지적재산권이 없다면 그런 전 지구적 차원의 열정이 더는 지속될 수 없습니다. 호머는 모든 창작자의 공적입니다. 그는 극장에서 상영 중인 영화를 불법적으로 내려받고 동네 사람들에게 상영해 영화 업계의 이윤을 가로챘으며 미래의 수익이 실현되는 길을 가로막았습니다. 이런 행위 때문에 우리는 매년 수십 억 달러의 손해를 보고 있습니다. 이들은 저작물을 유튜브⸱인터넷 사전. 유튜브를 통해 공유하거나 토렌트를 통해 불법적으로 내려받으면서 우리 영화 사업자들의 타오르는 열정에 찬물을 끼얹었습니다. 엄정한 저작권법에 따라 그를 엄히 처벌해 주시길 바랍니다. 영화는 미국 국내총생산(GDP)의 5퍼센트 이상을 차지하는 핵심 산업입니다. IT 산업보다 세 배나 빠른 속도로 새로운 일자리를 만들어 내기도 합니다. 현재 영화 산업만이 유일하게 세계 모든 개별 국가와의 무역에서 흑자를 보이고 있습니다. 호머 같은 해적을 응징하지 않으면 우리 영화 산업이 붕괴되고, 그러면 미국 경제도 깡그리 망가지게 될 겁니다. 존경하는 재판장님, 지적재산권을 뒤흔든 저자를 응징해 주십시오."

호머의 최후 진술이 이어졌다. "저들은 내가 자신들의 재산을 훔친 해적이라고 욕하지만 난 그냥 평범한 사람입니다. 《성경》에는 '진리를 사되 팔지 말며 지혜와 훈계와 명철도 사되 팔지 말라'[3]고 쓰여 있습니다. 그동안 우리는 얼마나 많은 진리를 지적재산권이라는 이름으로 팔아먹었습니까? 선인의 지혜를 나누기보다는 그들이 쓴 책의 저작권 확보에만 눈이 멀지 않았습니까? 나는 인터넷 세상에서 동네 공동체를 회복하는 뒷마당 극장이라는 새로움을 창조했는데, 왜 저작권법 위반으로 구속돼야 하나요? 저작권법은 새로움을 창조하는 사람들을 지원하기 위해 만들어진 법이잖아요? 나야말로 새로움의 창조자로 법의 보호를 받아야 하지 않습니까? 인터넷은 나눔과 공유의 철학을 바탕으로 출발했습니다. 우리의 선조 제퍼슨(Thomas Jefferson)은 자기 촛불에서 다른 사람이 불을 붙여 가면 그는 빛을 얻는데, 그렇다고 자기 촛불이 약해지는 건 아니라며 모두 나눔과 공생의 길을 걷자고 선포하지 않았습니까? 디지털 공유물은 인터넷 세상을 지탱하는 근간입니다. '지적 공유물(Intellectual Commons)'_{=인터넷 사전, 공동의 것}이 빈약한 곳은 공원도 없고 모든 산야가 온통 사유지에 대한 '접근 불가'라는 팻말로 봉쇄된 삭막한 나라와 같습니다. 지적재산권의 과도한 욕심으로 물든 인터넷 세상에서 창의적인 지식이 싹틀 리 없습니다. 인터넷 세상이 장사꾼만 가득한 장터로 전락할 때 우리에게 참다운 지식은 없습니다. 퍼블릭 도메인과 공유재의 범위를 확장해 나가고 배타적 저작권의 대상

---

3 〈잠언〉, 23장 23절.

과 범위와 보장 기간을 제한해, 자본이 아니라 창작자의 권리를 보장해야 합니다. '재판하는 곳에 악이 있고 공의(公義)를 행하는 곳에도 악이 있다'[4] 했으니, 나는 이 재판이 부디 악을 악에서 구하기를 바랍니다." 평소 호머답지 않은 정연한 논리와 말솜씨에 많은 방청객들이 깜짝 놀라 벌린 입을 다물지 못했다.

호머의 역설

계속 이어진 호머의 열정적이고 솔직한 진술은 그야말로 압권이었다. 부인과 가족에 대한 사랑, 이웃과 공유하고 나누는 정신, 위기에 대항하는 용기에 관한 진술이 사람들의 심금을 울렸다. 자동 마케팅 기계로 수지 타산을 튕겨 보던 영화계 관계자들이 갑자기 앞다퉈 호머에게 몰려와 그가 겪은 일을 영화로 만들겠다며 계약하자고 아우성을 쳤다. 영화계는 호머에 대한 저작권 소송을 그 자리에서 바로 거둬들였다. 호머는 순식간에 할리우드의 새로운 스타로 떠올랐다. 〈스트리밍을 향한 진정한 용기〉, 〈저작권을 타고 넘은 사나이〉, 〈해적의 순정〉을 비롯해 10여 편의 영화가 제작되었다. 호머는 그 영화들 시나리오의 원작자로 가뿐하게 큰돈을 벌었다.

호머의 인생은 정말로 비디오 한 편 때문에 완전히 바뀌었다. 그는 이제 영화 속 이야기의 주인공이며, 시나리오 판권의 주인이다. 전국에서 상영되기 시작한 영화는 선풍적 인기를 끌었다. 동네 사람들이 그의 이야기에 바탕을 둔 영화 〈해적의 순정〉을 호머네 뒷마당에서 함께 보면서 그의 성공을 축하하려고 모여들었다. 그런데 뒤뜰에 모여든 동네 사람들이 영화를 상영하려고 하자 호머가 갑자기 돌아 버렸다. 벽에 걸쳐 둔 프로젝터

---

4 〈전도서〉, 3장 16절.

스크린을 거칠게 뜯어내면서 큰소리로 사람들을 나무랐다. "이런, 세상에! 파일 해적질은 도둑질이야! 당신들은 우리 가족의 입에 들어온 돈을 다시 빼내 가는 도둑이라고! 다 당신들 집으로 돌아가서 주무셔! 영화는 개봉관에서 보셔야지." 참으로 완전 저작권 같은 이야기가 호머의 입에서 흘러나온 것이다. 비록 지금은 온전히 '개'가 되었지만, 선견지명으로 빛나던 한국 '문화부'의 이 말은 정말 명언이었다. "한 편의 비디오, 사람의 미래를 바꾸어 놓을 수도 있습니다."

자크 브뤼소, 〈일곱 가지 죽을죄 중 분노〉, 2010년

인터넷 세상의 일곱 가지 죽을죄

이 이야기는 가난한 속물=인터넷 사전, 속물과 잉여=인터넷 사전, 잉여 자매의 인터넷 세상 여행기다. 속물인 영이1은 잉여인 영이2와 쌍둥이 자매다. 영이1은 가수고 영이2는 댄서다. 영이1은 매니저고 영이2는 예술가다. 영이1은 장사꾼이고 영이2는 상품이다. 영이1이 뚜쟁이가 되면 영이2는 창녀가 된다. 둘을 합하면 '속물-잉여'다. 그들은 돈을 벌어 가족을 먹여 살려야 했다. 아버지와 어머니, 두 남동생은 대한민국에 살았다. 부모가 나이 60이 다 되어 어렵사리 아파트를 하나 분양받았다. 쌍둥이 자매는 남은 불입금을 벌기 위해 고향을 떠났다. 7년 안에 성공하면 집으로 돌아가기로 약속하면서 멀고 험한 길을 나섰다. 영이 자매가 일곱 가지 죄를 잘 피해 갈 수 있을까? 그런데 그들이 죄를 저지를 때마다 가족들은 더 넓은 아파트로 옮겨 갈 수 있다. 죄 없이 하루도 보내기 힘든 인터넷 세상이지만, 디지털 귀족들은 고상하게 죄를 빠져나간다. 가난한 잉여와 속물만이 매일매일 죽을죄를 저지른다.★

★ 이 희곡은 1933년에 초연된 브레히트(Bertolt Brecht)의 풍자 무용극 〈소시민의 일곱 가지 죽을죄(Die sieben Todsünden der Kleinbürger)〉를 바탕으로 창작했다.

등장인물

영이1: 가수(각 장면의 노래 담당)

영이2: 댄서(각 장면의 연기와 춤 담당)

가족: 아버지, 어머니, 두 남동생

포르노 배우, 감독, 촬영진, 회사 매니저, 경찰들, 행인들, 자살하는 노동자들

프롤로그

〈영이1의 노래〉

우리는 대한민국에서 왔어요.

언젠가는 고향으로 돌아갈 거예요.

서울에는 한강이 흐르지요.

우리는 행복을 찾기 위해 한 달 전에 그곳을 떠났어요.

7년이면 해낼 수 있을 거예요.

그러면 우리는 집으로 돌아가요.

6년이면 더 좋고요.

부모님과 동생들이 기다리고 있어요.

돈을 벌어 보내야 해요.

아파트를 샀거든요.

내 동생 잉여 영이는 예뻐요. 난 현실적이죠.

내 동생 영이는 살짝 돌았어요. 하지만 난 머리가 좋죠.

원래 우리는 둘이 아니라

하나예요.

우리 둘은 서로 영이라고 부르지요.

하나는 '속물'이고 하나는 '잉여'지만

우리는 한마음이고 가난하고 돈을 같이 쓰며
서로서로 위해 줘요.

게으름

영이2는 인터넷에 사이트를 하나 열고 온라인으로 사진을 팔았다. 자기 모습이나 거리 풍광 사진을 팔려고 했지만 아무도 사지 않았다. 그래서 김 연아처럼 유명한 선수 사진을 찍어 팔기로 작정하고 파파라치 짓을 했다. 그러나 고소를 당해 그 짓도 오래 할 수 없었다. 우연히 댓글 알바가 있어 서 그 일을 시작했다. 종일 모니터를 보며 정권에 비판적인 글에 악성 댓 글을 달다가 피로에 지쳐 엎어져 잠들었다. 지친 영이2를 영이1이 깨워 일로 내몰 수밖에 없었다. 영이 자매는 한 시간도 게으름을 피울 수 없었 다. 인터넷 세상에서는 부자 속물과 잉여들만 게을러도 살 수 있었다.

〈가족의 노래〉
우리 잉여 영이가 정신을 차리면 얼마나 좋을까요?
그 애는 늘 멋대로 놀고 게을러요.
방구석에서 종일 인터넷만 해요.
하지만 우리 속물 영이는
아주 똑똑한 아이에요.
선생님과 부모님 말도 잘 듣고
세상 물정에도 빤해요.
두 영이가 낯선 곳에서도
게으르지 말고 노력하기를
바랄 뿐이에요.

영이야, 게으름은 모든 죄악의 출발이란다.

그런데 이제 가난한 너희들은 게으를 수조차 없겠구나.

교만

영이는 춤추기를 좋아했다. 인터넷에 팟캐스트를 열어 돈벌이를 구상했다. 영이는 최선을 다해 매일 하나씩 새로 안무해 방송했다. 거울 쇼를 보고 수많은 '좋아요'가 쏟아졌다. 즉각적으로 사람들이 찬양의 글을 올렸다. 자부심을 느낀 영이는 좀 더 대담하게 자신의 춤을 선보였다. 그러나 얼마 지나지 않아 사람들은 그게 춤이냐고 비아냥거리며 옷을 벗으라고 요구했다. 야한 춤을 추는 다른 팟캐스터는 바로 유명해졌다. 영이도 할 수 없이 관객이 원하는 춤을 추게 되었다. 그녀의 옷들이 하나씩 벗겨 나가자 사람들은 환호했다. 영이는 춤에 대한 자부심도 자신에 대한 자긍심도 가질 수 없었다. 그녀는 정신이 나가 옷을 다 벗고 낙담의 춤을 추었다. 다음 날 그녀는 온라인 풍기 문란 죄로 경찰에 잡혀갔다.

〈영이1의 노래〉

부자들이 노래하네.

가난한 것들이 미개하기까지 해.

춤을 추라니까 옷은 왜 벗어.

자부심도 없는가 봐.

교만과 자부심은 우리만의 것.

영이는 댄서가 되려 했지.

진짜 멋들어진 춤을 추려 했어.

그러나 사람들은 낸 돈 만큼

그녀의 벗은 몸이 보고 싶었던 거지.

그러니까 영이야

자부심은 부자에게나 허용된단다.

돈을 벌려면 네가 원하는 게 아니라

사람들이 네게 원하는 걸 해야 해.

알았지?

분노

이틀간 구류를 살고 나온 영이는 자신의 속옷을 벗기고 모욕감을 준 경찰의 뻔뻔함에 항의하러 팻말을 들고 길거리에 나섰다. 경찰들이 다시 그들을 둘러싸고 저년들을 잡으라고 소리치며 몰려들었다. 영이는 다시 체포되어 경찰서 구치소에 갇힌다. 잘못했다고 빌었다. 빌고 빌어 겨우 풀려났다. 영이는 분노도 마음대로 드러낼 수 없는 불쌍한 잉여가 되었다.

〈영이1의 노래〉

사과 받아야 할 사람들의 분노는 단죄되고

욕먹어야 할 자들이 거꾸로 분노하고 단죄하네.

불의에 저항하면 환영받지 못해요.

야비함에 화를 내면

사회에서 매장되어요.

비열함을 참지 못하는 사람을

이들은 참지 못해요.

그러니 우리는 무조건 잘못했다고

속죄해야 해요. 그 덕분에

불의를 공개적으로 비난하는 나쁜 버릇을

고치게 되었어요.

조심해라 영이야

스스로를 다스려야지.

나도 알아, 언니.

먹고 마시기

이제 영이는 새로 개업한 본격 성인 포르노 방송의 스타가 되었다. 영이는 몰래 밤참으로 라면을 끓여 먹다가 매니저에게 걸려 이틀 동안이나 굶어야 했다. 몸무게가 100그램만 불어도 야단이다. 그녀는 마음대로 먹고 마실 수 없었다. 그러나 인터넷의 식욕은 끝이 없다. 하드 디스크가 터질 때가지 먹어 치운다. 빅데이터=인터넷 사전, 빅데이터는 잉여들의 활동과 시간을 실시간으로 먹어 치운다. 그러나 잉여들은 항상 배고프다. 그들은 활동의 대가를 받아 그것으로 음식을 사 먹어야 하지만 돈 받을 곳이 없다.

〈가족의 노래〉

어제는 아이들과 '카톡'으로 만났어요.

아이들은 마음대로 먹지도 못한대요.

가난한 이들은 돈이 없어 못 먹어

자동으로 절제가 되지요.

불쌍한 우리 영이는

돈을 벌기 위해

돈이 있어도 마음대로 못 먹는답니다.

정욕

인터넷의 꽃은 포르노라던데. 인터넷의 신문 기사에도, 파일 공유 사이트에도 온통 욕정을 부추기는 사진과 동영상이 떠다닌다. 사람들은 분열증 환자가 된다. 정욕은 스스로를 사랑하지 못하는 사랑이다. 인터넷 세상의 사람들은 도덕적 삶을 살고 싶어 하는 호색한이다. 고귀하려 노력하지만 죄 많은 몸이 된다. 디지털 포르노는 오늘도 천지 사방에서 춤춘다.

〈가족의 노래〉
주님, 우리 아이들을 살피시어
진정한 사랑을 통해
부귀로 가는 길을 알게 하시고
사랑 없는 정욕으로
죄를 범하지 않게 하소서!

탐욕

포르노 출연으로 돈을 번 영이는 자신의 포르노 팟캐스팅 회사를 차리기 위해 인터넷 세상에서 제일 큰 온라인 서비스 회사를 방문했다. 이 회사는 오늘도 또 다른 회사를 사들였다. 그날 회사에 근무하던 일용직 청소 노동자가 창문으로 몸을 던져 자살했다. 그러나 회사는 자신의 일이 아니라 한다. 영이는 자살을 결심한 또 다른 노동자의 트위터 글을 보고, 막 목을 매려고 하는 두 번째 노동자를 간신히 설득해 살려냈다. 인터넷에 흉흉한 소문이 떠돌고 사람들은 영이를 피하기 시작했다.

〈영이1의 노래〉

"돈 벌어, 돈만 벌어

개같이 벌으랬다.

인정 찾고 양심 찾고

개소리들 허덜 마라.

돈 벌어 돈만 벌어라."[1]

빨리 빨리 세상

비트를 긁어 모으고

코 찔찔이 아이들의 활동까지

전부 다 쓸어 담아

이 세상 모든 것을 다 쓸어 담아라.

한순간에 모든 것을 잃어버리는 탐욕

한 손으로 뭔가를 잡았을 때

다른 손은 내주어야 한다네.

주기 위해 받는 거지

받았으면 주어야 하지

준 만큼 받으시게.

그것이 인터넷의 법칙이라네.

시기심

영이가 실리콘밸리의 도시를 지나간다. 영이는 그 거리의 사람들이 죽을 죄를 저지르는 현장을 바라본다. 그녀는 그 거리에서 '나중 된 자가 먼저 될 것이다'라는 주제의 춤을 춘다. 세상 사람들은 게으르게 흐느적거리며,

---

1   노래극 〈공장의 불빛〉(김민기, 1978.) 중 '돈만 벌어라'.

먹고, 마시고, 춤추고, 뽐내고, 타인에게 화를 내면서 서로를 시기한다. 그녀는 비약의 춤을 춘다. 당당하게. 다른 사람들은 비굴한 모습으로 골목 안으로 사라진다.

〈영이1의 노래〉
우리 여행의 마지막 도시는 캘리포니아 실리콘밸리였어요.
모든 일이 잘 풀려 나갔어요.
그곳에 사는 행복한 사람들이 부러웠어요.
매일매일 게으름을 피우고
몸을 팔지도 않고
스스로 자만과 교만에 빠져도 아무 문제없고,
다른 인간의 비열함에 불같이 화를 내고
먹고 싶은 대로 먹고 마시고
사랑하는 사람만 사랑하고
자신에게 필요한 일을 당당히 받아들이는 사람들을요.
그러나 영이야, 캘리포니아의 사람들이 원하는 인생을 포기해.
젊음을 낭비하지 마. 결국
네가 승리할 거야.

오윤, 〈칼노래〉, 1985년

― 인터넷 똥바다가

이 담시는 시인 김지하가 1974년 사형을 선고받고 복역하다가 감옥의 벽지를 뜯어 적었다는 〈분씨물어(糞氏物語)〉의 판소리판(임진택 소리)을 심하게 개작한 것이다. 교도관이 바깥세상에 전했다는 〈분씨물어〉는 일본 잡지 《세카이(世界)》에 전재되어 세상에 알려졌다. 1985년 2월에는 소리꾼 임진택이 판소리 〈똥바다〉로 공연했다.★

★ 《김지하 담시전집3: 오적(五賊)》(김지하, 솔, 1993, 367~392쪽.)에 실린 임진택 소리 사설 및 장단본을 기반으로 했다.

첫째, 자업자득 대목

(중모리장단)

예부터 이르기를
칼 가진 놈 칼로 망하고
돈 가진 놈 돈으로 망해
삼라만상 인간 백사(百事)가
모두 다 자업자득
트윗 날리기에 미친 놈
리트윗으로 망하고
페북에 푹 빠진 년
페북 담벼락에 깔려 죽고
한번 한 말 뒤집는 년
숨어서 댓글 달기 잘하는 년
종편에서 막말하는 놈
입 싼 년 구설수
글 모난 놈 필화
이러~언 솜씨 저런 기술
아차 한 번 실수하면 모두 다
저 잡아먹는 재조로다.
영악한 놈일수록
제 무덤 제가 판다는 말이
이를 두고 이름이라
어화 세상 사람들아
이제부터 내가 별별

기기묘묘한 얘기 하나 헐 터이니

말대꾸도 허여 보고

좋다 잘 헌다 추임새도 넣어 가며

거드렁거리고 놀아 보세.

둘째, 분삼촌대(糞三寸待) 아들 분사촌대(糞四寸待) 소개 대목

현해탄 건너 저 일본에

사십 년 전 이순신 동상 위에서

똥 싸지르다 떨어져 죽은 분삼촌대의 자식이

한국 인터넷에 자주 출몰한다는

기이한 소문이 들리것다.

원래 성씨는 똥 분(糞) 자요,

이름은 사촌대였으나 분사촌대 집안 족보를 보면, 증조는 분일촌대, 할애비 분이촌대, 애비 분삼촌대다. 이 가족 이름의 우리말 뜻은 '똥 일 초만 참아', '똥 이 초만 참아', '똥 삼 초만 참아', '똥 사 초만 참아'다. 이 모두 조선 땅에서 똥 때문에 죽은 집안 내력이 있다.

한국 인터넷에 접속할 때는

애비 삼촌대의 유언을 좇아

아이디를 '별처럼 빛나는 제왕'이라는 뜻으로 별희제(憋曦帝)★라 불렀다.

때는 2015년, '똥바다'가 세상에 나온 지도

어언 사십 년이 지난 어느 날.

★ 별희제는 똥바다에 나오는 분삼촌대의 대사 "별처럼 빛나는 제왕으로 군림하리로다."에서 따온 것이다.(앞의 책, 390쪽.)

세월은 흘러 이제 반도도 정보 강국이 되었다 하여

분사촌대가 제 애비 유물도 챙길 겸

한국에 가 볼 마음이 슬금슬금 생겨났다.

분삼촌대가 똥바다에 떨어져 죽은 후

조선 반도에도 아주 대단한 대변인이 등장하여

하도 큰 똥을 싸고 돌아다닌 터라

감히 한국에 올 생각을 못 하였으나

요즘 뜨는 일베 소문 듣고 용기 내어 한국을 찾아왔것다.

일베란 '일본이 베스트'라는 말의 준말일 텐데

일베, 아하~ 일본 최고라, 우리말로 니폰와 이치방데스!

이 어찌 반갑지 아니한가

분사촌대가 큰 목소리로 구호를 한번 질러 보는디

(엇모리장단)

조이나 조이나 나루호도노 조이나

니폰노 신교과서 흉내 내어 한일 연대 강화하자

아리랑 조이나 아라리요 도꼬샤

애국 세력 결집하여 불철주야 댓글 달아 종북 세력 몰아내자

조이나 아리랑 도꼬샤 아라리요

내 이제 이들을 규합하여 한일 애국 동맹을 선언하노라.

아리랑 조이나 아라리요 도꼬샤

똥사촌대가 제 애비 유지를 받들어

한일 애국 동맹의 임무를 다음과 같이 내세웠것다.

일한친선 독재찬양 과거설욕 양심몰수

역사탈환 고인능멸 유신부활 융합창조

지성타도 애국대박 수컷우대 암컷홀대

표절색출 오물배설 불만해소 일확천금

장엄무비 욱일승천 니폰최고 기미가요

깃발은 펄럭펄럭 드디어 때 왔도다

보라 이제 분사촌대 반도로 진격한다

지놈들이 무슨 사이버 가미가제라고 눈물을 줄줄 흘리면서

애국 깃발을 내걸고 칠십 년대 군가 같은 노래를 부르며 행진을 한다.

(애국동맹 다짐가: 일본 뽕짝 군가와 '나의 조국' 융합 군가 조)

훈도시를 벗어라. 인터넷을 겁탈하자.

뼛속까지 짓밟아 요절내어 버리자(요오이~).

아아 애국과 용기의 '듣보잡'★들아 (단결하라~)

그 이름도 거룩한 한일애국동맹단

한일애국동맹단이여!

요오시, 인터넷에 똥구멍을 벌려라.

디지털 비트똥을 실컷 내깔기자

남김없이 싸질러 똥바다로 만들자(요오~이).

아아 뜨겁게 뜨겁게 아주 뜨겁게

협력과 건설의 흑기사

그 이름도 찬란한 한일애국동맹단

★ '듣도 보도 못한 잡놈'이란 뜻으로 2010년대 인터넷에서 자주 사용된 축약어다. 오웰의 《1984》
에 나오는 규정에 따르면 이것은 신어 B군에 해당된다.

아낌없이 싸질러 인터넷을 완전 똥바다로 만들자.

셋째, 분사촌대 난장 대목

(엇모리장단)

이 분사촌대라는 놈 하는 모양 좀 봐라.

아무나 붙잡고 시비하다 실컷 얻어터지고

빠가야로 종북타도 반자이(万歲) 애국보수

마라데스 약자존중 하라데스 남성연대

저 혼자 흥분하고 저 혼자 미쳐 감격하고

똥은 마렵고 배는 불러 오고, 아이고 나 미치겠네~

저 혼자 악써대고 저 혼자 발광하고

저 혼자 이빨 득득 저 혼자 눈물 줄줄

저 혼자 때굴때굴 몸부림을 치면서

으~으매 나 환장하겠네~

(표절몰이:중모리장단)

이놈이 표절 포도대장을 자처하며

찌질이 졸개들 거느리고 표절 사냥을 나가는데

이놈 거동 한번 보소.

표절 후리러 나간다 표절 후리러 나간다

이도령 장원급제는 춘향이 표절

임권택 춘향전은 춘향전 표절

김지하 똥바다는 판소리 표절

인터넷 똥바다는 똥바다 표절

맘에 안 들면 그냥 다 표절이닷 (허얼~)

특히 똥 싸는 소리 내는 것은 무조건 표절,

똥 싸는 그림 그리는 것도 표절,

똥 싸는 노래 부르는 것도 표절,

똥 싸는 영화 찍는 것도 표절,

우리 한일 애국 동맹은 똥 싸는 분(糞) 방송, 똥 싸는 대변인만 인정한다.

분사촌대란 놈 한일 애국 동맹 세력을 주욱 거느리고

제 애비가 죽은 세종로 이순신 장군 동상 옆

시청 사이버 신청사 옥상에 올라가

집단으로 떼거지로 비트똥을 싸 재끼는데

(자진모리장단)

뿌지지지 지지지지

지지지지 직직

페이스북똥 트위터똥 구글=인터넷 사전, 구글똥 네이버똥 다음똥

일베똥 일워똥 디시똥 아이폰똥 갤럭시똥

카톡똥 리트윗똥 담벼락똥 댓글똥 좋아요똥 싫어요똥

굵은똥 가는똥 묽은똥 된똥 긴똥 짧은똥

국정똥 민주똥 새누리똥 안철똥 진짜똥 가짜똥

개똥 쥐똥 닭똥 잉여똥 속물똥 똥똥똥

이리 가도 이크 똥이야 저리 가도 이크 똥이야~

이것이 똥으로 만들어진 빅데이터=인터넷 사전, 빅데이터로구나 (아헿헿 아헿헿)

쪼끄만 쥐똥들도 한데 모이니 우리 똥대변인 큰 똥 뺨치는구나

빅똥이 빅데이터여 큰 거이 조은 것이여 돈 되것네 돈 되것어.

거리에도 광장에도 방 안에도
골목에도 온통 똥 덩어리가 가득
질질질질질질질 흘러넘치니
어허 온 인터넷 세상천지가 비트똥바다로구나.
잘난놈 못난놈 착한놈 모진놈 철난놈 철안난놈
김치녀 된장남 개념녀 찌질이 미친놈
킹왕짱 미소녀 오덕후 알바 듣보잡
앞선 놈 뒷선 놈 똑똑한 놈 얼빠진 놈 죄많은 놈 죄없는 놈
권세 좋은 놈 권세 없는 놈 좌쪽 놈 우쪽 놈 보수 놈 진보 놈
이놈저놈 이년저년 할 것 없이
모조리 비트똥바다에 휩쓸려 허우적대는구나~
똥사촌대란 놈이 이 꼴을 보고 통쾌해 갖고는
으하하하하핫 이놈들 내 비트똥 맛이 과연 어떠하뇨.
오냐 어서 많이 처먹어라 이 잡것들아 으하하하하하하
뿌지직 뿌지지지지직
똥이야~ 비트똥 봐라 이제 내 뒤지탈똥 나온다~
민주주의같이 생긴 파시즘똥
자유주의같이 생긴 독재똥
평화주의처럼 생긴 군사주의똥
빠친코 비슷한 통일대박똥
똥이야~ 똥이야 똥이야 똥이야~ 똥 봐라 저 똥 봐라~

(낭송 조)

시커먼 털과 시뻘건 살덩이와 머리빡에서 터져 나온 뇌수와

정신착란과 분열증과 불안증과 집착증과 관음증과 노출증과 과시욕이
더덕더덕 달라붙은 거대한 인터넷 괴물이 빅데이터 똥에서 태어나고
들판에서 평화롭게 풀 뜯던 소들이 잔인한 늑대 떼로 변하고
뭐라고 으르렁거리며 거리거리를 떼 지어 배회하고

(창조)

잘려 나간 손목들이 뛰어다니고
뽑힌 혓바닥이 제멋대로 기어 다니고
떨어진 귀와 발가락이 꿈틀거리고
피 묻은 선조의 입술들이 뭐라고 소리치네
유령들이 원혼들이 아바타들이
빠진 눈알들이 인터넷을 방황하고
갈기갈기 찢긴 육체들이 탄식을 하네.

(진양조)

이히 이히이 이히이 이히
사라졌다 다시 나타나고
어디 있나 우리 고향
어디 어디
우리들의 육신은
울며 천년을
헤매어도
갈 곳이 없네그려
아아 반도여

사랑하는 조국이여
사랑하는 한반도여

(창 조)
이렇게 갈 곳을 잃고 고향도 없이 헤매는 선조들의
처절한 울음소리가 인터넷 구천에 사무쳤것다

넷째, 분사촌대 후리기 대목★

(자진모리장단)

이를 하늘에서 보다 보다 못한 바리데기가 벼락처럼 나타나서
분사촌대를 냅다 후리기 시작하는데,
이놈 네가 분사촌대냐?
아이고 내 분사촌대 아니고 똥사촌대요
고깃값 안 내고 똥만 싸고 간 놈이 네놈이냐?
아이고 내가 아니라 애국 동지들이 그랬소
그럼 네가 고소인이냐?
아니요 내 고소인 아니요
내가 고소해서 이긴 것 보았소?
그렇다면 네가 진정 인터넷 논객=인터넷 사전, 인터넷 논객이냐?
아이고 내 논객 진작 그만두었소

★ 이 대목은 〈똥바다〉가 아니라 〈오적〉(앞의 책)에서 따왔다. "네놈이 오적이지 / 아니요 / 그럼 네가 무엇이냐 / 날치기요(중략) / 오적이 그 아니냐 / 아이구 난 날치기 아니요 / 그럼 네가 무엇이냐 / 펨프요."

그렇게 도망치다가 옥상에서 떨어져

그만 지들이 싸질러 놓은 디지털 비트똥 밭에 빠져

아버지 분삼촌대를 따라 죽었다는 이야기가 전한다★ (우왕ㅋ굿)

(샤미센, 슬프게 아다지오로 〈기미가요〉 연주)

(마무리)

옛이야기를 들으면 이렇게 망한 자 부지기수니

어찌 '여병추'★★ 똥사촌대 한 놈뿐일까마는

저 죽을 줄 뻔히 알면서도

똥에 미쳐 똥을 모으고 똥을 기르는 자

분삼촌대가 똥바다에 빠져 죽은 지 어언

수십 년이 지난 요사이도 끊임없으니 모를 일이다.

아마도 멸망이 또한 매혹인 곳에

풀 수 없는 또 하나

똥의 비밀이 있음에 틀림없으렷다.

★ 이미 분삼촌대는 자신이 이순신 동상에서 똥바다로 떨어져 죽을 때 아들도 똥 때문에 죽을 운명
임을 예고했다. "아이고 내 새끼도 나처럼 똥을 참다 뒈지겄구나."(앞의 책, 391쪽.)
★★ '여기 병신 하나 추가'라는 뜻으로, 오웰의 신어 B군에 속한다.

모어의 인터넷 신유토피아
마키아벨리의 디지털 군주론
애플 왕국의 제왕, 잡스 아이폰 인터뷰
오웰, 2015-1984=1984 빅브라더
디지털 봉이 김 건달
보르헤스, 천상의 분류법과 인간의 종말

2부

인터넷 왕국들

제이 시몬, 〈인터넷 지도〉, 2014년

모어의 인터넷 신유토피아

모어(Thomas More)는 1515년 안트베르펜 방문 기간 동안《최고의 국가 상태와 유토피아라는 새로운 섬에 관하여(De optimo reipublicae statu deque nova insula Utopia)》를 썼다. 그의 친구 에라스뮈스(Desiderius Erasmus)가 1516년 루뱅에서 모어의 책을 처음으로 출판해 준 덕분에《유토피아》는 유럽 전역에서 읽히게 되었다. 그는 1535년 6월 6일, 헨리8세(Henry VIII)에 대한 반역죄로 런던탑에서 참수당해 죽었다. 모어가 하늘나라에서 보내온 인터넷 유토피아 이야기를 들어 보자.

인터넷, 새로운 유토피아

나는 얼마 전 요단 강을 건너온 '잡스(Steve Jobs)'^{=잡스, 103쪽}라는 사람을 만났다. 그는 내게 광섬유로 연결된 나라와 그곳에 사는 주민들의 생활에 대해 '재미있고 유익한 유토피아 이야기'를 들려주었다. 기억을 최대한 살려서 그로부터 들은 이야기를 여기에 남긴다.

인터넷 유토피아에서는 주민을 '이용자'^{=인터넷 사전, 인터넷 이용자 2}라고 한다. 그곳에는 다섯 개의 커다란 왕국이 존재하며, 작은 자치구들이 수없이 많다. '사유재산'은 별로 없고 재산은 대부분 이용자들이 공유한다. 이용자들이 저마다 자신의 행위와 생각을 주관하는 그곳은 자기가 하고 싶은 일과 말을 다 하고 사는 쾌락주의자들의 세상이다. 왕국이지만 왕은 없고, 주민은 있어도 국민은 없다. 또한 생산자와 소비자를 가르기 힘든 무분별의 나라였다. 비트로 복제되는 지적 생산물이 넘쳐나서 누구나 콘텐츠를 공유하고 나눠 쓸 수 있었다. 그런데 그곳에는 눈에 안 보이는 자동기계의 알고리즘을 통한 감시와 착취가 있다. 이용자들은 그런 사실을 제대로 알아차리지 못했기 때문에 누구나 평등하고 자유로운 것처럼 느꼈다. 그래서 그들은 대체로 태평스럽고 즐거워 보였다.

인터넷 유토피아의 생활

인터넷 유토피아에 사는 사람들의 일상을 살펴보자. 여기 사람들은 내가 16세기에 히슬로다에우스(Raphael Hythlodaeus)에게 전해 들은 유토피아처럼 하루에 여섯 시간만 일한다. 오전에 세 시간 일하고 점심을 먹고 두 시간 쉰 다음, 오후에 다시 세 시간 일하고 저녁을 먹는다. 그리고 이들은 하루에 여덟 시간을 잔다. 나머지 시간은 각자의 취미와 기호에 따라 자유롭게 보낸다. 일이 끝나면 공개강좌에도 참석하고, 취향과 자기 계발에 힘쓴

암브로시우스 홀바인, 〈유토피아〉, 1518년

다. 연애 상담을 받거나 자기 계발 강연을 들으러 '벙커'에도 가고, 인문학 전문이라는 박사 강사가 출연하는 특별 치유 방송도 보며 인문 교양을 쌓는다. 후대 사람들은 나와 내 친구 에라스뮈스를 인문주의자라고 부르는데, 나는 인문학이 뭔지 잘 모르겠다.

어쨌든 인터넷 유토피아 사람들은 취미 생활 뒤에 저녁을 먹는다. 이들은 보통 식사와 서너 가지 작업을 병행한다. 텔레비전을 보면서 신문을 읽고 인터넷 검색을 하는 동시에 스마트폰=인터넷 사전, **스마트폰**이라는 작은 만화경으로 문자를 보내면서 식사를 한다. 이들은 저녁을 먹은 뒤 게임방을 비롯해 찜질방, 비디오방 등 갖가지 이상야릇한 방에 들어가 놀면서 한두 시간을 보낸다. 이들은 모두 스마트폰을 들고 다니는데, 그것을 통해 무선

광섬유망과 연결해 친구들과 대화하고, 게임 하고, 뉴스 보고, 은행 업무까지 처리한다.

　나는 《유토피아》에 16세기 초 영국의 '인클로저(울타리 치기)'를 비판하면서 '양이 사람을 잡아먹는다'[1]고 썼다. 그런 인클로저와 달리 광섬유 인터넷 왕국에서는 각자 소왕국에 이용자들을 끌어다 그들을 자기네 왕국이 제공하는 서비스에 묶어 두는 인클로저를 시행하고 있다. 16세기 인클로저가 공유지에서 사람을 쫓아내고 울타리를 쳤다면, 21세기의 인터넷 유토피아에서는 거꾸로 사람들을 끌어모은 뒤 그들이 못 빠져나가게 울타리를 친다. 그래서 인터넷 유토피아에서는 사람들이 순한 양이 된다. 그들이 인터넷의 목초지 여기저기를 돌아다니면서 풀을 뜯어 먹은 후 목장으로 돌아오면 왕국의 이발사들이 그들의 털을 깎아 모은다. 이곳의 풀이 대마초처럼 감각을 확장해 기쁨을 주는 데다 친구들도 온통 거기에 빠져 있기 때문에 그곳을 떨치고 스스로 바깥세상으로 나오기가 힘들다. 인터넷 유토피아의 신민들은 동시에 여러 왕국의 신민으로 '가입'할 수 있다. 그들은 개별 왕국이 제공하는 서비스 플랫폼에 들어가기 전에 '약관'=인터넷 사전, 약관에 동의해야 한다. 그렇게 신민이 되면 왕국은 돈을 안 받고 푸른 초장과 놀이터를 제공한다.

인터넷 유토피아의 다섯 왕국

인터넷 유토피아에는 많은 인구와 큰 영토를 가진 다섯 개의 유력한 왕국이 있다. 그중 구글=인터넷 사전, 구글 왕국은 무엇을 찾아내는 데 대단한 신통력을 발휘한다. 인터넷 세상의 이용자들은 자신이 이용할 내용물을 찾아

1　토머스 모어, 류경희 옮김, 《유토피아》, 웅진씽크빅, 2008.

가기 위해 '검색'을 해야 한다. 그래서 먼저 검색의 통로와 문을 장악하면 인터넷 세상에서 쉽게 자기 왕국을 세울 수 있었다. 인터넷 초창기부터 검색 서비스를 둘러싸고 치열한 경쟁이 벌어졌다. 결국 구글 왕국이 《걸리버 여행기(Gulliver's Travels)》에 나오는 말(馬) 나라 '휴이넘'의 못된 인간 종족 '야후'[2]가 세운 검색 왕국을 따돌리고 현재 부동의 1위 자리에 있다. 그들은 왕국을 세우고 몇 년 만에 검색계를 평정했다. 구글은 '페이지랭크'로 인터넷 안의 콘텐츠가 서로 연결되어 있는 빈도수를 계산해 사람들에게 볼 만한 구경거리들을 찾아 준다. 구글 왕국의 신민들은 계정을 하나씩 부여받고 인터넷에서 열심히 자신의 임무와 구실을 수행한다. 물론 그들의 노력에 대한 보상은 하나도 없다. 구글 왕국은 검색계를 평정한 뒤 세상의 많은 창작물을 디지털 세계로 옮겨 놓기 시작했다. 이용자들의 무상활동과 피고용인들의 고급 노동을 통해 성장한 구글 왕국은 그 돈을 기술 개발에 재투자하고 신민들이 볼 만한 작품과 책을 디지털화하는 데 쏟아부었다. 디지털 미술관도 세우고 디지털 도서관도 만들어 많은 이용자들을 계속 구글 왕국에 묶어 둔다. 이들의 최고 성과는 유튜브 소왕국을 인수해 병합한 일이다. 이들은 유튜브에 이용자들이 스스로 만든 저작물과 기존 저작물의 복제본을 올리게 함으로써 구 미디어 왕국이 갖고 있던 저작권을 간단하게 무력화했다. 구글 왕국은 영상과 소리로 된 수많은 저작물을 유튜브를 통해 공짜로 흡수하면서 자신들의 저장고에 차곡차곡 쌓는다. 구글의 영토는 엄청나게 확장되었고 인구도 늘어났다. 이제 구글의 영토와 인구는 아무도 넘볼 수 없을 정도로 탄탄하다.

한편 애플ᐅ인터넷 사전, 애플 왕국은 다른 왕국들과 달리 아이폰 제조업과 앱

---

2 조나단 스위프트, 신현철 옮김, 《걸리버 여행기》, 문학수첩, 1992.

스토어, 아이튠즈를 결합해 재미를 보고 있다. 애플은 내게 인터넷 유토피아 이야기를 전해 준 잡스라는 히피 출신 경영자가 세운 왕국이다. 한때 특별히 영입한 콜라 회사 출신 회장이 거의 콜라에 말아먹을 뻔했으나 그가 다시 살려 냈다고 한다. 애플 왕국은 남과 차별되는 디자인과 세계 최고의 첨단 제품이라는 이미지를 만들어서, 그것을 사용하는 사람도 그런 부류에 속한다고 속이는 착각 마케팅으로 톡톡히 재미를 보았다. 애플 왕국은 충성스러운 '애플빠'들의 열렬한 지지를 기반으로 왕국의 세를 넓혔다. 하드웨어와 소프트웨어를 콘텐츠와 결합해 지적재산권을 회복하고, 공유되던 콘텐츠나 복제되었던 유료 콘텐츠를 잡아와서 유료의 틀 안에 다시 가두었다. 그들은 앱을 이용해 콘텐츠를 싼값에 제공함으로써 기존 미디어 왕국들의 몰락을 지연하는 동시에 자신들의 배를 더욱 불렸다. 이런 면에서 애플 왕국은 약간 반동적이다.

신흥 왕국 페이스북=인터넷 사전. 페이스북은 이용자 활동을 자신의 수익 창출을 위한 먹이로 삼는다. 특히 이용자들의 신상과 관련된 정보를 상업적 목적으로 변형해 이득을 남긴다. 이용자들이 담벼락에 자신이 좋아하는 친구들과 소통한다는 명목으로 글을 남기면 다른 친구들이 댓글을 달거나 '좋아요'라는 칭찬 표시를 걸어 준다. 어느새 이 후발 왕국은 10억 명이 넘는 이용자 신민을 거느리게 되었다. 매일매일 신민들이 갖다 바치는 비트는 페이스북 곳간에 엄청나게 쌓여 왕국의 거리는 온통 데이터와 정보가 넘쳐흐른다. 페이스북 왕국은 이용자와 그들 친구의 활동 방식을 결합한 알고리즘을 만들고 그것을 통해 여러 가지 되먹임 서비스를 제공한다. 하루 여덟 시간 노동한 인간들이 대개 두세 시간 정도는 페이스북에서 보내기 때문에 그들이 활동하고 남긴 비트만 긁어모아도 세계 최대의 콘텐츠 보유 창고를 만들 수 있다. 페이스북 왕국은 이용자들의 살아 있는 활동을 활용하기 때문에 죽은 노동 결과물인 지적재산권 저작물을 수취하는 구미디어 왕국이나 구 미디어 왕국의 저작물을 구해다 디지털화해 검색으로 이용자를 확보하는 구글 왕국보다 유리한 고지를 차지한다. 살아 있는 활동은 계속 새로운 생산물을 만들고 가치를 증식하기 때문이다.

한편 재잘거리는 '수다 왕국'=인터넷 사전, 트위터은 140자의 짧은 글들을 서로 올리고 나누는 수다쟁이들을 이용자로 확보하고 있다. 자기 주변에서 일어나는 사소한 일상에서부터 왕국의 소문, 정치적 사건에 이르기까지 이들의 관심사는 제한이 없다. 한번 이들의 입방아에 오른 소문은 아주 빠른 속도로 수다 왕국 전역에 번져 나간다. 어떤 경우에는 거대 신문사나 방송사 같은 구 미디어 왕국에 버금가는 여론 형성의 위력을 떨치기도 한다. 한때 서아시아의 이슬람 왕국들에서 발생한 민주화 운동에서 그 위용을 떨쳐, 이를 보고 놀란 사람들이 '트위터 혁명'이라는 말까지 남겼다. 물론 말도 안 되는 소리다. 그러나 개나 소나 모두 트위터를 이용하게 되고 나이 든 속물=인터넷 사전, 속물들과 머리가 빈 잉여=인터넷 사전, 잉여들이 트위터를 즐겨 이용하면서 트위터 왕국의 참신성은 날로 떨어지고 있다. 특히 여론 교란을 위해 공작을 펼치는 용병들이 활발하게 활동하면서 최근에는 지저분한 공간으로 전락하고 있다. 그저 재미나 소문의 전파, 특정인을 씹고 욕하는 기계로 전락한 듯 하다.

아마존=인터넷 사전, 아마존 왕국은 인터넷 초창기에 온라인 책 장사로 출발했는데, 차츰 가전제품을 비롯해 온갖 물건을 파는 온라인 쇼핑몰처럼 변했다. 종이 책 유통을 장악하다가 책의 콘텐츠를 읽는 기계를 팔더니 최근에는 콘텐츠를 저장하는 빅데이터 사업에서도 두각을 나타내고 있다. 애플의 잡스가 죽은 뒤에는 아마존 왕국을 지휘하는 베조스(Jeff Bezos)의 영향력이 더욱 커졌다. 대부분의 디지털 왕국이 앞만 보고 달려 나가는 기술

혁신관에서 벗어나지 못할 때 베조스는 거꾸로 뒤를 돌아보면서 '고객 중심' 혁신관이라는 반동적 태도를 보였고, 이런 독창적인 자세가 큰 성공을 가져왔다.

최근에는 중국에서 태동한 알리바바 왕국이 제법 위세를 떨치고 있다. 중국의 온라인 쇼핑을 주도하는 알리바바 왕국은 중국 지역 거주자 15억 명을 발판으로 자신의 인구와 영토를 확보하면서 급성장하고 있다. 최근 미국 증시에 상장하면서 기염을 토한 알리바바의 군주는 한술 더 떠 '서른 다섯 살까지 가난하다면 그것은 다 당신 책임'이라고 윽박지른다. 이런 인터넷 왕국들에서는 장사치가 최고의 존경을 받고, 양아치가 인기를 누린다. 장사치는 장사치에 합당한 부러움과 존경을 받으면 족하다. 양아치는 다른 양아치 떨거지들이 바치는 존중에 만족할 줄 알아야 한다. 자신이 선 자리를 겸손히 반성하고, 아무 데서나 까불지 말아야 한다. 오늘 장사 잘했다고 내일도 장사 잘하는 게 아니고, 이것저것 많이 주워들었다고 여기저기 아무 데서나 마구 지껄이는 게 아니다.

P2P 나라의 해적들

인터넷 세상에는 항상 기존의 구태의연한 행태에 대항하는 새로운 흐름이 존재했다. 그중 대표적인 것으로 'P2P 해적'⁼인터넷 사전, 인터넷 이용자 2을 꼽을 수 있다. 이들은 왕국의 신민으로부터 탈출해 수시로 영토를 침범하고 저작권을 무력화한다. 이들은 무조건 공유와 나눔을 추구한다. 저작권을 주장하기는커녕 있던 저작권도 작파하고 저작권 체제 자체를 무력화한다. 이들은 이제 힘없고 약한 양의 무리가 아니다. 신대륙에서 영국으로 이송되는 금은보화를 가로채던 카리브해의 해적처럼 그들은 서적과 영화, 음악 가릴 것 없이 모든 것을 공유한다. 양 떼는 틈만 나면 해적 떼로 변신한다. 물론 해적 떼가 양 떼로 변하기도 하기 때문에 이 둘을 구별하기는 매우 어렵다. 그들은 평소에는 양 떼이다가 해적 떼로 돌변하고, 해적질을 하다가 어느 순간에는 양 떼로 돌아간다. 그래서 이들을 잡아 처벌하기도 매우 어렵다. 해적을 처벌하면 양도 함께 죽이기 때문이다. 앞으로 이들을 순수하고 착한 양 떼로 묶어 두지 않으면 구 미디어 왕국의 영화는 풍전등화가 될 것이 뻔하다.

내가 그리던 유토피아는 항상 현실과 이상이 접촉하는 지점에, 지금 여기와 저기가 닿는 그곳에, 삶과 죽음이 갈라지는 찰나에 존재했다. 인터넷 왕국에서는 나눔과 독점, 자유와 통제 간의 싸움이 여전히 진행 중이다. 아직 그 접점에서 불꽃이 튀지 않았지만 머지않아 커다란 시련의 시기가 닥쳐올 것이다. 미디어 역사를 돌이켜 보면 새로운 미디어는 출현 초창기에는 자유를 확장하다가 대중화 단계를 지나면 점차 소수 지배자들의 독점물로 전락했다. 유토피아로 태어난 인터넷 세상도 점점 그 정점을 향해 달려가고 있다. 인터넷 유토피아의 백일몽에서 깨어나야 할 때가 곧 다가오리라.

토머스 홉스, 《리바이어던》의 삽화, 1655년

마키아벨리의 디지털 군주론

　　1513년, 나는 메디치(Lorenzo di Piero de' Medici)에게 내 책《군주론(Il principe)》을 바쳤다. "인민의 본질을 완전히 이해하려면 군주가 되어야 하고, 군주의 본질을 온전히 알려면 보통 시민이 되어야 하는 것"[1]처럼 이제 나는 디지털 군주의 자리에서 피고용인과 이용자를 바라보고, 이용자의 관점에서 디지털 군주를 논해 보겠다. 부디 높은 데 계시는 디지털 군주들께서도 이 작은 선물을 보내는 뜻을 살펴 받아 주시기를 바란다. 이 짧은 글에서 인터넷 세상의 디지털 군주국에는 어떤 종류가 있는지, 그것이 어떻게 유지되는지, 디지털 군주에게는 어떤 덕과 자질이 요구되는지를 논하려 한다. 나는 500년 전 이탈리아에서처럼, 디지털 왕국의 군주가 어떻게 생각하고 행동해야 권력을 유지할 수 있는가에 관해 허망한 이론이 아니라 구체적인 방법과 수단을 알려 줄 것이다.

1　니콜로 마키아벨리, 권기돈 옮김,《군주론》, 펭귄클래식코리아, 2008, 34쪽.

디지털 군주국과 혁신

"과거와 현재를 통틀어 인간의 삶을 지배한 모든 국가, 모든 영지는 공화국 아니면 군주국이었다."[2] 디지털 왕국도 예외가 아니다. 최근에는 군주국과 공화국을 결합한 트위터나 페이스북같이 과도적 모양을 띤 SNS 나라들도 나타나고 있다. 디지털 군주국은 한 가문이 오랫동안 지배하는 세습 군주국과 신생 군주국으로 나뉘는데, 한국의 삼성은 대표적인 세습 디지털 군주국이다. 이 왕국에서는 산업화 시대에 기업을 틀을 만든 창업 1세가 2세에게 왕권을 이양했고, 이제 3세가 권력을 이어받을 준비를 하고 있다. 마이크로소프트, 애플, 아마존은 창업자의 권력과 카리스마가 지배하는 전형적인 신흥 디지털 군주국인 데 반해 구글이나 페이스북은 신흥 디지털 왕국이지만 시민 군주국이나 공화국의 면모도 있다. 이 중 역사가 가장 긴 마이크로소프트 왕국은 규모가 작은 왕국이나 공화국을 병합하면서 성장한 군주국이다. 아마존이나 구글 같은 신흥국도 정복욕에 불타기는 마찬가지다. 구글은 유튜브 소왕국을, 아마존은 종이 신문 왕국《워싱턴포스트(The Washington Post)》를 합병했다. 이 나라들의 군주는 흔히 돈의 힘으로, 때로는 운으로, 아주 가끔은 자신의 능력으로 영토를 얻는다. 성공한 디지털 군주는 돈을 잘 운용하는 자와 '운(fortuna)'을 '덕과 능력(virtú)'으로 수용해 새로운 영토를 획득하는 자와 '피할 수 없는 필연의 시대적 요구(necessita)'를 잘 활용하는 자로 나뉜다. 그중 으뜸은 시대의 필연적 요구를 자신의 능력으로 개척하는 군주일 것이다.

무릇 세상이 조용할 때 시대가 뒤바뀌는 법이다. 그러니 바다가 고요할 때 폭풍을 예상하고 태평성대일 때 변혁의 기틀을 예비해야 한다. 무사안

---

2 앞의 책, 37쪽.

일로 좋은 세월을 지내다 보면 역경이 닥칠 때 저항 한번 못 하고 망한다. 운명의 습격에 대처하는 유일한 방책은 자신의 덕과 능력을 기르는 일이다. 운명의 여신은 너그럽게도 우리가 하는 일의 절반만을 주재하고 다른 절반은 우리 자신이 결정하도록 남겨 둔다. 인터넷 세상에서는 오늘 흥했다가 내일 아침에 망하는 일이 다반사다. 운에 의지하는 회사는 그 운세가 바뀔 때 망한다. 천하의 잡스=잡스, 106쪽도 운과 자신이 내린 정책 사이에서 천국과 지옥을 오간 군주다. "운은 가변적인 반면 인간은 처신이 완고하기 때문에, 운과 정책이 일치하면 인간은 흥하고 충돌하면 망한다."[3] 이것이 오랜 경험 끝에 내가 내린 결론이다. 그래서 디지털 군주에게는 시대가 몰고 오는 불가피성을 미리 읽는 예지와 정확한 정세 판단이 요구된다. 디지털 왕국의 군주는 자신의 성격을 바꿔 운명과 맞설 줄 알아야 한다. 경고 없이 다가오는 운명의 수레바퀴를 피할 유일한 방법은 그보다 더 빠른 속도로 도망가는 것밖에 없다. 그래서 디지털 군주들은 혁신이라는 초고속정을 타고 운보다 빨리 앞으로 달려 나간다.

그동안 융성한 디지털 왕국 중에 혁신을 전면에 내세우지 않는 나라는 하나도 없었다. 잡스의 혁신은 기존에 없는 것을 만들어 내는 창조였으며 오래된 것을 뛰어넘는 새로움이었다. 그러나 그런 창조는 곧장 경쟁에 직면하게 되고 수성을 위해 지속적으로 새로움을 만들어 내야 하는 '혁신자의 딜레마'에 빠지게 된다. 그는 죽기 전에 애플 왕국이 낡은 패러다임에 매달릴 위험이 있다고 경고했다. 구글 왕국의 혁신관은 이와 조금 다르다. 슈미트(Eric Schmidt) 회장은 '우리의 전략은 경쟁하지 않는 것'이라고 밝혔다. 경쟁하지 않고 혁신으로 앞서 나가 새로운 시장을 만들고 항

---

3 앞의 책, 150쪽.

상 선두에 서겠다는 말인데, 이는 신흥 시민 군주국으로서 적합한 목표 설정이다.

이와 대조적으로 아마존 왕국의 군주 베조스는 아주 독특한 혁신관을 보여 준다. 그의 혁신관을 잘 보여 주는 이야기 하나를 소개한다. "나는 '앞으로 10년 동안에 어떤 변화가 일어난다고 예측하십니까?'라는 질문을 자주 받는다. 재미있지만 식상한 질문이다. 그런데 사람들은 '앞으로 10년 동안 바뀌지 않을 것은 무엇입니까?' 하고 묻지는 않는다. 이 두 질문 중에서 두 번째가 더 중요하다. 두 번째 질문은 앞으로 예측 가능한 정보를 가지고 비즈니스 전략을 수립할 수 있도록 인도하기 때문이다. 소비자들은 더 낮은 가격과 더 빠른 배송, 더 많은 선택을 원한다. 앞으로 10년 동안 이 전제는 바뀌지 않을 것이다. 누구도 이런 요구를 하지는 않을 거다. '이봐 베조스, 나 아마존이 참 좋은데, 값을 지금보다 더 비싸게 치르면 좋겠어. 난 아마존이 참 좋은데, 아마존은 배송이 너무 빨라.' 우리는 이 불변하는 전제에 뿌리내리고 있기 때문에 10년이 지나도 헛고생은 아닐 것이다. 시간이 지나도 불변하는 것이 무엇인지 찾아내 그것에 시간을 많이 투자해야 한다."[4] 대부분의 디지털 왕국과 달리 '고객 중심' 혁신관을 만든 그는 당연하게도 혁신의 제1요소로 피고용인을 꼽았다. 결국 고객 중심을 실제로 수행하는 주체가 피고용인이기 때문이다.

---

4   베조스가 아마존 웹서비스 리:인벤트(AWS re:Invent) 2012에서 한 말이다. http://techcrunch.com/2012/11/29/amazon-founder-jeff-bezos-talks-aws-innovation-customer-service-space-travel-at-re-invent/

아마존 왕국의 베조스

잡스 사후 인터넷 세상의 최고 군주로 떠오르고 있는 베조스는 아마존 책 장사를 하면서 일찍이 빅데이터를 활용했고, 클라우드 컴퓨팅★ 사업을 다른 왕국에 앞서 실행했다. 그는 사업 초기부터 물질과 정보를 서로 엮으면서 인터넷 세상을 현실 세계와 연결했다. 물질 없는 인터넷 세상의 허무맹랑함을 깨치고 있던 그는 소비자들의 활동을 차곡차곡 축적했다. 그는 아마존의 성장 원인으로 '고객 중심', '장기적 안목', '창조'를 꼽는다. 그중 아마존의 최고 가치는 '고객 중심'이다. 아마존 왕국은 온라인 쇼핑의 불편을 제거하고 제품과 서비스를 고객에게 가장 효율적인 방법으로 전달했다. 결국 베조스는 전자상거래 업계의 맹주가 되었고, 대중의 소비 방식을 완전히 바꿨다.

베조스는 내가 군주론에서 말한 것을 디지털 시대에 가장 잘 적용하는 인물이다. 그는 '자비하지 말고 잔인하라'[5]는 내 규율을 아주 잘 지키고 있다. 부하들은 군주를 무서워해야 하고 대중은 군주를 경외해야 한다. 직원들이 군주를 존경하기보다는 두려워하도록 만들라. 이것은 잡스도 즐겨 쓰던 방식이다. 그래서 '이상한 나라'의 여왕처럼 툭하면 '저놈의 목을 따라'고 명령하라.[6] 그의 사전에 고객 제일주의는 있어도 직원 제일주의는 없다. 아마존 왕국의 베조스는 마이크로소프트 왕국의 게이츠와 달리 사회에 기부도 별로 하지 않고 지역사회 발전을 위한 투자도 하지 않는다. 그러나 괜찮다. 그런 점이 그를 유능한 디지털 군주로 만들기 때문이다.

★ 인터넷으로 연결된 컴퓨터로 갖가지 IT 관련 서비스를 이용하는 환경이다.
5 앞의 책, 107쪽.
6 루이스 캐럴, 손영미 옮김, 《이상한 나라의 앨리스》, 시공주니어, 2001.

구글 시민 군주국과 페이스북 공화국

구글은 검색 알고리즘 하나로 이용자의 지지를 받아 급성장한 왕국이다. 이용자에게 배반당하지 않는 한 시민 왕국의 군주 권력은 확고하게 유지될 수 있다. 구글이 시민 군주국인 이유는 그 왕국이 이용자들의 활동과 지지로 지탱되기 때문이다. 군주는 이용자의 우정을 얻어야 한다. 구글은 창업자와 최고 경영자, 회장이 경영을 나눠 맡으면서 원로회와 비슷한 지배 체제를 갖추고 있다. 페이지(Larry Page)와 브린(Sergey Brin)이 개발한 '페이지랭크'═보르헤스, 140쪽라는 알고리즘이 구글을 인터넷 세상 최고의 검색 왕국으로 키우는 실마리를 제공했지만, 구글 왕국의 사업적 성공을 이끈 사람은 슈미트다. 그는 삶에서 정말 중요한 것은 '속도'가 아니라 '방향'이라고 말한다. 그는 구글이 속도가 느려도 방향은 잃지 않도록 균형을 잡아 주었다.

그는 조직원들 뒤를 따라다니며 필요할 때 힘을 실어 주는 '그림자 리더십'의 대명사다. 슈미트는 잡스나 베조스와 달리 사람들을 포용하는 리더십을 갖추고 있다. 그는 잘난 체하지 않으면서 온화한 인품을 보여 주는 현자에 가깝다. 이른바 '싸가지'가 있는 셈이다. 게다가 비판적인 질문을 슬쩍 비켜 가는 노련함도 갖추고 있다. 생김새와 달리 여우의 기지를 겸비한 그는 뻔뻔스럽게도 '만약 당신의 프라이버시═인터넷 사전, 프라이버시가 새나갔다면 그것은 구글에 잘못이 있는 게 아니라 최초에 그것을 누설한 당신의 잘못'이라고 말한다.

"위엄을 이룬 군주는 약속을 가벼이 하고, 간교함으로 사람들을 속이는 법을 알며, 공허한 원칙들에 얽매인 자들을 이긴 사람들이다. 무릇 군주는 인간의 법과 짐승의 힘을 결합해야 한다. 그는 자신의 행위를 윤색하는 방법을 깨치고 있어야 하며, 탁월한 거짓말쟁이와 사기꾼이 되는 법을 알아야 한다."[7] 대중은 단순하고 무지하며 목전의 이익에 급급해 사기꾼에게 기만당할 준비가 되어 있다. 그러니 군주는 결정적일 때 대중과 맺은 약속 어기기를 두려워 말아야 하며, 사기를 쳐도 신의와 약속을 중시하는 정직한 군주처럼 보이게 해야 한다. 당신의 입은 대중에게 자비롭고, 다정하고, 정직하게 보여야 한다. 그러나 당신의 손은 그 반대의 행위를 항상 준비하고 있어야 한다. 도덕과 현실은 안과 밖이자 동전의 양면으로서 서로 분리되지 않는다. 현실 정치의 도덕은 그런 것이다. 정의와 양심, 약한 자를 돕는 정치는 없다. 그런 마음으로는 정치를 할 수 없다. 정치는 항상 자기 이익을 실현하기 위한 최선의 수단과 목적과 관계를 지향하는 행위다. 성공한 정치는 자신이 달성하려는 목적에 부합하는 수단을 잘 활용해 적기에 운을 획득하는 일이다. 이때 최소한의 능력이 있어야 한다. 그래서 내가 능력과 운, 때를 이야기한 것이다.

이용자 대중=인터넷 사전, 인터넷 이용자[1]은 군주의 숨은 의도에는 아랑곳하지 않는다. 그들은 항상 외양과 결과만 본다. 세상 물정 모르는 어린아이 둘이 주변 어른들의 사악함을 보고 순진하게도 자신들은 그리 되지 말자며 '사악해지지 말자'를 창업 표어로 내걸었다. 하지만 그건 웃기는 얘기가 되어버렸다. 그들이 사악하지 않고 어떻게 거대한 왕국을 유지하겠는가? 나는 일찍이 사악함이 군주의 기본 덕목이요 자세라고 말했다. 검색 엔진이 나름대로 괜찮았기에 망정이지 '사악해지지 말자'는 표어를 진정으로 실천했다면 오늘의 구글 왕국은 일찌감치 지도에서 사라졌을 것이다. 구글의 프라이버시 경시에 대해 이용자들의 공분이 몰아치자 슈미트는 솔직하게 구글이 검색 결과를 일정 기간 보유하고 있으며 미국의 애국법이 요구하

---

7 니콜로 마키아벨리, 앞의 책, 113쪽.

는 한 그 정보를 제출해야 한다고 밝혔다. 디지털 군주들은 이런 사악함을 배워 익혀야 한다. 그래서 국가안보국(NSA)의 첩보 활동=오쪽,124쪽에 대한 질타가 이어질 때 슈미트처럼 이렇게 말할 수 있어야 한다. "항상 스파이가 존재했고 이미 여러 해 동안 감시가 진행되었다. 나는 정부를 비판하지 않겠다. 감시는 사회의 본성이다."[8] 이렇게 모순적인 말을 던지면서 앞으로는 이용자의 신뢰를 얻고 뒤로는 이용자 활동의 결과물을 무상으로 수취할 줄 알아야 한다. 이것이 여우의 간교함과 사자의 힘을 섞어 이용하는 군주의 재주다. 디지털 왕국에서 '사악해지지 말자'는 망하자는 말이다. 슈미트는 한 인터뷰에서 이렇게 말했다. "이 슬로건은 가장 어리석은 것으로 보였습니다. 이 세상에 사악함에 관한 책은 《성경》 정도 밖에 없기 때문입니다."[9]

이용자는 사악한 생물이라 약속을 지키지 않는 경우가 허다하니 군주도 그 약속에 얽매이기만 해서는 안 된다. "약속을 한 이유가 더는 존재하지 않을 때, 약속을 지킬 수도 없고 지켜서도 안 된다."[10] "악덕이 왕국을 지키는 데 필요하다면 그 때문에 비난받는 것에 움츠러들어서는 안 된다. 왜냐하면 모든 것을 신중하게 고려할 때, 얼핏 유덕한 것으로 보이는 어떤 일을 하는 것이 자신의 파멸을 초래하는 반면, 일견 악덕으로 보이는 다른 일을 하는 것이 결과적으로 자신의 입장을 강화하고 번영을 가져오는 경우가 있기 때문이다."[11] 이것이 내가 구글 왕국의 지도자들에게 주는 마지

---

8   슈미트가 뉴욕(New America Foundation)에서 한 연설. 2013년 9월 13일 자 《가디언(Guardian)》 참조. http://www.theguardian.com/world/2013/sep/13/eric-schmidt-google-nsa-surveillance
9   슈미트가 2013년 5월 11일에 미국 공영 라디오 방송(NPR)과 한 인터뷰. www.npr.org/2013/05/11/182873683/google-chairman-eric-schmidt-plays-not-my-job
10   니콜로 마키아벨리, 앞의 책, 112쪽.
11   앞의 책, 103쪽.

막 조언이다.

그런데 유독 눈에 띄지 않는 군주가 하나 있다. 페이스북=인터넷 사전, 페이스북의 저커버그(Mark E. Zuckerberg)다. 그는 군주라기보다 아직도 풋내기 티를 못 벗은 대학교 학회장 같다. 어린 나이에 엄청난 공화국의 수장이 되어 어리둥절해하며 다소 무식하기도 하다. 그는 이용자의 정체성이 하나여야 하고, 페이스북이 그런 정체성을 만들어 주리라 다짐한다.[12] 이용자의 모든 사생활 자료와 활동 데이터를 모아 페이스북의 빅데이터에 집어넣고 자신들이 개발한 정체성 알고리즘을 돌려 모든 이용자에게 독특한 정체성을 부여하고 통제하는 게 저커버그의 꿈이다.

용병을 쓰지 않으면서 이용자를 시민군으로 활용하는 페이스북 이용자 공화국이 날로 확장하고 있다. 아직 왕정의 틀을 벗지 못하는 다른 디지털 왕국에 비해 이들이 급격한 성장세를 보이는 것은 군주국에서 공화국으로 전환하는 놀라운 속도 때문이다. 이 공화국은 새로운 정체를 내세우고 이용자의 적극적인 참여를 유도한다. 이용자들이 스스로 자기 영역을 확보하고 자율적으로 자신의 말과 이야기를 할 수 있는 것 같은 환경을 만들어 준다. 그러나 이용자들은 주어진 플랫폼을 벗어날 수 없다. 페이스북은 갈수록 이용자에게서 빼낸 정보와 그들의 행위를 서로 연결해 상업화하는 경향이 드러나고 있다. 페이스북 공화국의 이용자들은 자기 활동 결과물이 담뱃세나 주세 같은 간접세로서 차곡차곡 공화국에 바쳐지고 있다는 사실을 알아채지 못한다.

---

12 데이비드 커크패트릭, 임정민·임정진 옮김, 《페이스북 이펙트》, 에이콘출판, 2010, 290쪽.

디지털 왕국의 미래

디지털 왕국의 영토를 어떻게 확장할까? 인터넷 이용자를 어떻게 디지털 왕국의 신민으로 만들 수 있을까? 이것이 오늘날 신흥 디지털 왕국들이 고민하는 문제다. 왕국의 영토는 스스로 개발한 서비스와 조그마한 왕국들에 대한 합병으로 확장된다. 구글이 검색 서비스에서 출발해 로봇에까지 영토를 넓혀 온 사례를 생각해 보라. 이들은 때때로 '열린 소스(open source)'나 '공유경제'*라는 사기를 치면서 이용자 노동을 공짜로 흡수하거나 주변에 개발자 생태계를 만든 후 나중에 이들을 송두리째 흡수하는 수법으로 영토를 넓힌다. 처음에는 플랫폼을 개발자에게 열어 주어 그들이 해당 플랫폼을 활용해 자기들의 2차 서비스를 마음껏 개발하도록 내버려두라. 이용자들이 그 서비스에 꼬이면 꼬일수록 왕국의 잠재적 신민이 늘어난다. 각종 개발자가 열린 플랫폼을 이용해 개발한 다양한 부가 서비스가 당신들의 왕국이 제공하는 서비스와 결합되도록 하라. 그러고 나서 이용자가 붙고 수익이 날 만하면 느닷없이 플랫폼을 폐쇄해 영토의 배타성을 선언하라. 이곳은 내 땅이니 너희 주권은 없느니라! 이용자가 폐쇄된 플랫폼에 익숙해지고 서비스에 매력을 느끼게 되면 그들이 너희 왕국의 서비스에 더욱더 의존하게 만들라. 새로운 서비스를 개발해 그 서비스에 이용자가 의존하도록 만들면 그들은 신민이 될 가능성이 높다. 이용자가 해당 서비스에 의존하는 것이 습관으로 자리 잡는 '경로의존성'**이 생기

★ P2P 파일 공유에서 출발한 공유경제는 인적 자원이나 서비스, 물적 자원을 공유하고 함께 소비하는 경제 체제를 말한다. 나눔과 공개라는 초기 인터넷의 이념이 이용자들 간 공유경제의 기반을 제공했다. 최근 기업들이 이용자 활동과 기존 자원을 '공유'라는 이름 아래 사적으로 전유하는 새로운 사업 영역에 응용하고 있다. 인터넷과 스마트폰의 대중화에 기대어 상품과 서비스를 공동 제작·생산·유통·소비하는 새로운 틀을 마련하고, 이를 기반으로 새로운 산업 분야를 개척하는 것이다.

면 그들은 서서히 신민이 된다.

이제 인터넷 세상에서는 다섯 왕국 간의 경쟁과 싸움이 더욱 치열해지고 왕국과 공화국을 책임진 군주와 수장들 간의 머리싸움도 격화될 것이다. 그리고 이용자들에 대한 온갖 감언이설과 협박을 동반한 새로운 통치가 펼쳐질 것이다. 군주에게 '싸가지'는 전혀 중요하지 않다. 신기술 개발과 시장 장악력만 있다면 군주는 왕국의 인구와 영토를 늘릴 수 있다. 그러나 한 가지만은 명심하라. "자주 책망을 받으면서도 목을 곧추세우는 군주는 갑자기 패망을 당하고 멸망을 피하지 못하리라."[13]

★★ 익숙하고 습관으로 굳어진 길을 선택하는 타성적 행동 양식이다. 이용자는 소프트웨어나 특정 인터페이스, 플랫폼을 한번 선택해 사용법이 익숙해지면 그것에서 빠져나오기 힘든 경향이 있다.
13 〈잠언〉, 29장 1절.

저스틴 설리번, 〈전세계 개발자 회의의 스티브 잡스〉, 2004년

애플 왕국의 제왕, 잡스
아이폰 인터뷰

잡스가 세상을 떠난 지 벌써 3년이 넘었다. 잡스는 애플 컴퓨터로 개인용 컴퓨터 혁명을 일으켰고, 아이폰으로 인터넷의 새로운 장을 열었다. 그는 생전에 인터뷰를 많이 했다. 그중 1985년 《플레이보이(Playboy)》에 실린 인터뷰, 1995년에 크링글리(Robert Cringely)와 한 인터뷰, 2005년 스탠퍼드대학 졸업식 연설은 각각 30대 청년기부터 40~50대 장년기에 이르는 그의 이정표를 보여 준다. 1995년에 크링글리가 잡스와 인터뷰한 것을 담은 다큐멘터리 영화(Steve Jobs: The Lost Interview, 2012.)를 얼마 전에 보았다. 인터넷이 갈수록 더러워지는 요즘 그는 무엇을 하고 있을지 새삼 궁금해진다. 그에게 아이폰으로 전화나 걸어 볼까? s, t, e, v, e, j, o, b, s. 7, 8, 3, 8, 3, 5, 6, 2, 7. 그와 아이폰으로 나눈 가상 통화를 여기 적어 남긴다.

잡스,
그곳은 어떤가요
저녁이면 여전히 아이폰이 울리고
아이팟에서 새들의 노래 소리가 들리나요
차마 보내지 못한 이메일 당신이 받아 볼 수 있나요
시간은 흐르고 아이폰도 시들까요★

★ 영화 〈시〉(이창동, 2010.) 중 '아네스의 노래'(그곳은 어떤가요 얼마나 적막하나요 / 저녁이면 여전히 노을이 지고 / 숲으로 가는 새들의 노래 소리 들리나요 / 차마 부치지 못한 편지 당신이 받아 볼 수 있나요 / 하지 못한 고백 전할 수 있나요 / 시간은 흐르고 장미는 시들까요)를 참고했다.

삶과 죽음

당신은 종종 죽음이 '생명의 가장 위대한 발명품'[1]이라고 말했다. 지금도 그렇게 생각하나?

그때는 죽음 없이 진보는 없다고 생각했다. 내가 죽어야 다른 사람과 후대가 나를 뛰어넘을 수 있다. 그래야 새로움이 생겨난다. 지금 살아 있는 모든 인간이 안 죽고 계속 살면 앞으로 세상이 어찌 되겠는가, 끔찍하지 않나? 빈곤과 무지와 욕심이 한없이 지속될 거 아닌가? 죽음과 새 생명 없이 진보는 없다. 새 생명은 오래된 죽음을 먹고 세상에 나온다. 그러니까 죽음은 진보의 조건이다. 하지만 "하루살이처럼 덧없이 지나가는 짧은 인생에게 무엇이 좋을 일인지 누가 알겠는가? 죽은 다음에 세상 돌아가는 일을 누가 알려 주겠는가?"[2]

살아생전의 당신은 무엇이었다고 평가하나?

크링글리와 한 인터뷰에서 그가 나보고 "당신은 히피냐, 너드(Nerd)냐?"라고 물었다. 그때 히피라고 대답했다. 그런데 다시 생각해 보니 나는 기계와 기술에 얼이 빠진 너드도 아니었고, 사랑과 자유와 공동체에 미친 히피도 아니었다. 나는 그 모두이기도 했지만 결국은 일개 사업가에 불과했다.

그래도 한때 히피임을 인정했으니, 히피의 삶에 대해 한마디 해 달라.

히피란, '저 너머'를 생각하면서 '그 너머'를 사는 사람이다. "우리 삶에는 직업, 가족, 자동차, 경력 너머에 다른 무엇인가가 있다. 그래서 은행원과

---

1 스탠퍼드대학 연설(2005).
2 〈전도서〉, 6장 12절.

시인의 삶이 다른 거다. 나는 히피의 혼을 제품에 담았고, 사람들이 제품을 사용할 때 그 혼을 공유하기를 원했다."[3]

당신은 서른 살이 되던 1985년에 《플레이보이》지 인터뷰에서 나머지 삶을 어떻게 살고 싶으냐는 물음에, '당신의 인생 전반기 30년은 스스로 습관을 만들고, 후반기 30년은 습관이 당신을 만든다'[4]는 힌두 격언이 머리를 스쳐 지나갔다고 답했다. 정말 서른 이후 죽기 전까지의 인생은 습관이 만든 당신이었나?

거의 그렇다. 나는 한때 선(禪)을 통해 욕망을 비우는 데 관심이 있었지만, 1984년 이후 내 삶에서 욕망을 버리는 게 아니라 그것을 실현하는 방식을 선택했다. 습관은 의지와 욕망이 현실의 삶에 축적된 결과다. 내가 선 자리나 처해 있는 상황은 단숨에 바뀌지 않는다. 조금씩 내가 다른 곳으로 이동하거나 주변이 바뀔 뿐이다. 서른 살이 넘으면 담배 하나 끊기도 어려운 일이 되어 버린다. 단숨에 상황을 변화시키거나 다른 삶의 자리에 서려면 자신을 모두 버리거나 죽어 버리는 길밖에 없다.

그렇다면 서른까지 자신이 형성한 습관이 모이 쪼기에 바쁜 '계(鷄)'판이었고, 그런 습관이 별 볼일 없는 나를 만들어 놓았다면, 이제 나는 어떡해야 하나? 이제까지의 습관이 남은 내 삶을 '개판'으로 만들 텐데……

습관은 혁명만큼 중요하다. 하루를 잘 시작하고 끝을 잘 맺으면 결국 인생을 잘 마무리할 수 있다는 말이다. 물론 쉽지 않다. "오늘이 내 인생 마지막 날이라도 나는 지금 하려는 이 일을 할 것인가?"[5] 이 물음에 충실히 답

---

3 크링글리와 한 인터뷰(1995).
4 《플레이보이》, 1985년 2월 인터뷰.

하면서 살다 보면 당신은 어느 순간 달라져 있을 거다. 습관으로 물든 자신을 바꾸려면 매일매일 다른 곳을 바라보고 그곳을 향해 다가가고 있어야 한다. 움직이라. 하루 한 치라도, 조금씩, 달팽이처럼.

세상에 네 흔적을 남겨라

"네 이빨로 세상을 물어라(Put a dent in the universe)."[6] 이 말이 참 좋다. 이제 당신은 정말 이빨로 우주를 물어뜯을 수 있는 곳으로 가 버렸다. 당신은 보수인가, 진보인가?

부질없는 질문이다. 세상을 이빨로 물려고 하는 자는 진보일 수밖에 없고, 이미 물어 버린 자는 보수가 된다. 인생은 세상을 물고, 한번 문 먹이를 놓지 않으면서 또 다른 먹이를 물려고 하고, 그러다가 오히려 물리고, 결국에는 입에 문 고기 한 점을 힘없이 내려놓으면서 끝난다. 그러니까 보수와 진보는 돌고 도는 물레방아다. 하지만 살아 있는 한, 세상을 물기 전 그 떨리는 긴장선 위에 홀로 서야 하고, 그러면서 우리는 앞으로 나갈 수밖에 없지 않은가? 그리고 평생 물고 있던 것을 내려놓을 때도 떨리기는 마찬가지다.

당신에게 진보란 무엇인가?

내게 진보는 새로움을 향한 갈망이자 욕구였다. "업계에서 살아남으려면 이겨야 했고, 경쟁에서 살아남는 최선의 길은 우리의 방식을 혁신하는 것

5   스탠퍼드대학 연설(2005).

6   《플레이보이》지와 한 인터뷰(1985년 2월)에서 나온 말로, "세상을 바꿔라." 또는 "우주에 흔적을 남겨라" 등으로 옮길 수도 있다. 이 말의 출처에 대해 의견이 분분하지만 1985년 인터뷰에 세상에 이빨 자국을 남기라는 구절이 처음 등장한다.

밖에 없었다."[7] 새로움을 향한 내 욕구도 살아남으려는 의지의 발로였다. 잃을 것을 걱정할 때부터 당신의 삶은 고이고 썩는다. 그럴 때면 죽음을 생각하라. '무엇을 잃을지도 모른다는 두려움에서 벗어나는 최고의 길은 죽음을 생각하는 것'[8]이니까.

당신 삶에서 성공이란 무엇인가? 어떤 의미가 있었나?

매킨토시, 아이팟, 아이폰. 모든 게 하루아침에 만들어진 성공 신화 같지만 사실은 오랜 시간의 결실이다. 솔직히 말해 내게 인생의 성공은 시장에서 거두는 성공을 의미했다. 기술혁신도 시장에서 성공으로 연결되지 않으면 의미가 없다. 내가 만든 회사 넥스트(NeXT)는 높은 수준의 기술혁신을 감행했지만 시장에서 실패했다. 그때의 혁신 기술은 아이폰에 적용되어 시장의 성공과 연결될 때 비로소 의미를 갖게 되었다. 내가 성공하지 못한 애플의 잡스였다면 여러분이 내게 그렇게 많은 관심을 주고 열광했겠나? 그러나 내 삶에도 내가 만든 회사에서 쫓겨나는 쓰디쓴 비운의 시기가 있었다. 돌이켜 보면 성공과 실패는 항상 함께했지만 서로 배척한다. 실패와 성공은 죽음에서 만나 하나가 된다. 죽음이 내 성공과 실패를 화해시켰다.

당신이 죽은 다음 개봉한 영화 〈잡스〉를 보고 어떤 생각이 들었나?

그 영화는 그렇고 그런 졸작이다. 그래도 영화에 나오는 딜런(Bob Dylan)의 노래 〈스페인 가죽 부츠(Boots of Spanish Leather)〉는 맘에 들었다.* 나는 그의 앨범 수십 개 가운데 이 노래가 실린 세 번째 앨범을 최고로 친다. 그

---

7 《타임(Time)》, 2003년 2월 5일 인터뷰.
8 스탠퍼드대학 연설(2005).

는 한때 내 워너비였고 나는 여러 면에서 그와 닮았다. 고집불통이고, 이기적이며, 가차 없고, 자기 맘대로 하고, 그럼에도 자기 자신은 자유로운…….

당신의 죽음을 아쉬워하는 사람들에게 한마디 한다면?
나는 스탠퍼드대학 졸업식 연설 말미에 '항상 굶주리고, 우직하라(Stay hungry, Stay foolish)'고 했는데, 그 말을 한 뒤로 나는 오히려 '지나치게 많이 먹고, 너무 스마트(Stop hungry, Be smart)'에 집중했다. 그 점이 두고두고 아쉽고 미안하다. 지금 돌이켜 생각하니, 인생은 '헛되고 헛되고 헛될 뿐'⁹이다. 그러나 세상의 헛되고 헛됨 속에서 헛됨을 즐기라.

자기 계발과 교양학과(liberal arts)
당신은 부자 CEO였고, 뛰어난 리더였으며, 일신우일신하는 혁신가였고, 막무가내 히피이기도 했다. 많은 사람들이 애플 제품과 당신을 좋아했다. 당신의 삶 자체도 성공과 실패를 반복하는 우여곡절로 수놓여 있다. 그런 면에서 당신보다 더 완벽한 자기 계발 모델은 없다. 당신이 한 말들은 곧잘 한국 멘토들의 '힐링(healing)' 구절로 인용된다. 물론 당신은 스스로 하고 싶은 말과 일을 했다. 말로만 떠드는 한국식 멘토와는 급이 다르다. 당신은 섣불리 타인을 치유하려 들지 않았다. '아프니까 청춘'이라는 대책 없는 낙관론이나 '그러니까 다 네 책임'이라는 억지 주장을 펴지 않았다. "당신이 좋아하는 것을 해라. 세상을 바꿔라.

★ 딜런이 스물세 살이던 1964년에 발표한 그의 세 번째 앨범(The Times They Are A-Changin')에 실려 있다. 그 자신을 포함해 여러 가수가 리바이벌했다. 특히 2011년에 예순다섯 살의 스미스(Patti Smith)가 이 노래를 부르는데, 가수의 생명력과 살아 있는 노래의 힘을 느끼고 싶은 독자라면 유튜브에서 찾아 들어 보길 권한다.
9 〈전도서〉, 1장 2절.

제품이 아니라 꿈을 팔아라. 위대한 경험을 미친 듯이 만들어라." 이런 말들이 한국으로 건너오면 자기 계발서의 소재로 전락한다. 이에 대한 소감은?

자기 계발은 신자유주의 시대의 개인이 쉽게 받아들이는 가장 쉬운 대안이 지만, 그것은 배워서 되는 게 아니다. 자기 계발은 돈 주고 사거나 힐링 캠 프에서 주워듣는다고 이뤄지지는 않는다. 자기 계발의 기초는 자기 관리 다. 그런데 "훌륭한 인재들은 스스로를 관리한다. 그들은 남의 관리가 필요 하지 않다. 그들에게는 공유할 이상(理想)만이 필요하다. 전문 경영자는 관 리만 할 줄 안다. 그러나 가장 훌륭한 관리자는 절대 관리자가 되길 원치 않는 사람 중에서 나온다."[10] 자신이든 조직이든 관리하지 말고 자유롭게 해야 하는데, 자기 계발은 관리이기 때문에 결국 실패하기 마련이다. 헛된 자기 계발에 힘쓰기보다는 인생의 헛됨을 알고 세상을 편히 사는 편이 더 낫다. "젊은이여, 젊을 때 젊은 날을 즐겨라. 네 마음과 눈이 원하는 길을 따라라. 다만, 네가 하는 이 모든 일에 하나님의 심판이 있다는 것만은 알 아라."[11]

첨단 기술 경영자인 당신이 교양학과와 테크놀로지가 서로 갈라서는 이정표 앞 에서 프리젠테이션을 하는 것을 보고 한국에서는 기술이 인문학을 받아들여야 한다고 난리가 났었다. 《몸과 인문학》, 《인문학은 밥이다》, 《밤의 인문학》이라 는 책들이 나온 데다 《모든 순간의 인문학》이라는 제목의 책까지 시장에 등장 했다. 당신이 생각하는 인문학은 무엇인가?

그때 나는 '문사철'(문학·역사·철학)이 아니라 컴퓨터 과학을 열심히 하라고

---

10 크링글리와 한 인터뷰(1995).
11 〈전도서〉, 11장 9절.

그런 비유를 들었다. "컴퓨터 과학이 바로 교양학과다. 컴퓨터는 우리에게 생각하는 방식을 가르쳐 준다. 컴퓨터는 사고의 거울이다. 그래서 당신들 모두 프로그래밍을 배워야 한다. 일생 중 1년 정도는 프로그래밍을 배우는 데 투자해야 한다."[12] 그런데 당신들의 유명 인문학 전도사들은 인생 철학과 자기 경영이 무슨 대단한 인문학이라고 핏대를 올린다. 그들은 '상담'을 한다면서 저 혼자 묻고 답하고, '벼랑에서 손 뗄 수 있냐'고 윽박지르고, '네 인생 왜 네가 책임지지 못하냐'고 질책한다. 밥벌이도 가지가지로 한다. 사족을 한마디 덧붙이자면, 인문학으로 밥벌이를 하지 않는 게 인문학이다.

'소크라테스(Socrates)와 점심을 함께할 수 있다면 내 모든 기술을 다 줘 버려도 상관없다.'[13]는 말은 당신이 대단한 인문주의자라고 오해할 소지가 있다.
"인문학과 기술은 어떻게 만나지요?" 하고 진지한 얼굴로 묻는 멍청이들에게 그렇게 한마디 해 주면 그들은 고개를 끄덕이며 감동한다. 다음 날 그들은 내가 철학을 사랑하는 철인이며 인문학을 기술과 연결하는 '융합 창조' 땜장이 경영자라고 추어올린다. 나처럼 자기 자신에 대해 잘 아는 사람이 '너 자신을 알라'는 소크라테스를 만나 봐야 새로운 얘기가 오가겠나? 자다가 봉창 두드리는 소리 한번 해 본 거다.

당신이 생각하는 창조적인 삶은 무엇인가?
"우리는 나이가 들면 주위에서 세상은 그렇고 그런 것이고 너는 그냥 그

---

12 크링글리와 한 인터뷰(1995).
13 《뉴스위크(Newsweek)》, 2001년 10월 29일 인터뷰.

속에서 적당히 잘 살면 된다는 이야기를 듣게 된다. 아기 낳고 돈 모으고 집 장만하면 살 만할 거다. 그러나 그것은 아주 뻔한 삶이다. 그 벽 속에 너무 깊이 갇히지 말라. 삶이란 그와는 비교도 안 되게 훨씬 넓고 삼삼한 거다. 당신이 삶이라고 부르는 주변의 모든 창조물은 당신보다 덜 똑똑한 사람들이 만든 산물이다. 당신은 그것을 바꿀 수 있고, 그것에 영향을 줄 수 있으며, 무엇보다도 다른 사람이 이용할 그 무엇을 당신 자신이 만들 수 있다."¹⁴ 이런 창조적 삶에 인문학과 자연과학이 따로 있으며, 그 사이에 무슨 차별이 있겠는가? 그러나 새로움과 창조를 숭배하는 여러분은 이 사실을 잊지 마시라. "지금 있는 것은 언젠가 있었던 것이요, 지금 생긴 일은 언젠가 있었던 일이다. 하늘 아래 새것이 있을 리 없다. 누가 '보아라, 여기 새로운 것이 있도다!' 하더라도 믿지 말라. 그런 일은 우리가 태어나기 오래전에 이미 있었다. 지나간 나날이 기억에서 사라지듯 오는 세월도 기억에서 사라지고 말 것을 우리가 알거늘."¹⁵

애플식 유토피아와 공장 노동

당신은 1985년 인터뷰에서 "IBM의 문제는 규모가 너무 크고 시장 지배력이 지나치다는 점이다. 애플이 그들을 막을 유일한 경쟁자다."¹⁶라고 말했다. 당시 애플 직원들은 회사 옥상에 해적 깃발을 내걸고 기염을 토했다. 펄럭이는 해적 깃발처럼 자유롭게 항해하며 규율 없이 그들의 꿈을 향해 진격하기를 원했다. 그때 당신은 한술 더 떠 "해적이 될 수 있는데 해군은 되어 뭐하나?"라고 말했다.

---

14 PBS 다큐멘터리 〈마지막 하나(One Last Thing)〉, 1994.
15 〈전도서〉, 1장 9~11절.
16 《플레이보이》, 1985년 2월 인터뷰.

해적! 그것이 당신의 이상이었나?

내가 2001년에 아이튠즈와 아이맥을 광고하면서 "떼어내라(rip), 섞어라(mix), 구워라(burn)!"★ 하고 외칠 때만 해도 해커 기질이 조금은 남아 있었다. 그러나 2001년에 아이팟을 발표하고 2003년에 유료 음원 판매 플랫폼으로 아이튠즈 스토어가 성공하자 난 해커의 틀을 완전히 접었다. 이제 내 사전에 해커란 불가능한 것이다.

당신에게 돈은 무엇이었나?

"묘지에 묻힌 자 중에 가장 부자면 뭐하나? 잠자리에 들기 전에 '오늘 일 아주 끝내주게 잘했네!'라고 말할 수 있으면 그걸로 족하다. 난 아직도 돈이 뭔지 잘 모르겠다. 자신이 쓸 수 있는 양보다 더 많은 돈을 갖고 있다면 그에 대해 책임을 져야 한다. 돈이란 모름지기 당신의 관심과 가치를 위해 써야 한다."¹⁷

맞다. 보통 사람에게는 관심과 가치를 위해 쓰기에도 돈이 턱없이 모자라 항상 문제지만⋯⋯. 그런데도 당신은 살아생전 이윤 분배에 인색했고, 가끔 직원들을 냉혹하게 대했다. 물론 때로는 그들을 사업 동반자로 대하기도 했다. 스톡옵션이나 보수 지급 방식만 보면 그들이 노동자가 아닌 주인처럼 보이기도 하지만, 그들은 여전히 당신이 하루아침에 해고할 수 있는 피고용자에 불과하다.

내게는 자신이 하는 일을 미친 듯이 잘하는 '건강한 자아'를 갖춘 사람들

★ 기존 CD에서 '음원을 떼어 다른 것과 섞은 뒤 다시 구워 들어라' 정도를 뜻한다. 이때부터 저작권이 있는 콘텐츠를 활용해 새로운 저작물로 변형하는 행위를 뜻하는 구호로 쓰였다.
17 《플레이보이》, 1985년 2월 인터뷰.

이 필요했다. 그들에게 자신이 애플 잡스를 위해 일하지 않고 세상을 바꾸기 위해 일한다는 믿음을 줘야 했다. 그렇게 믿도록 그들을 개종시키는 게 내 주요 일거리 중 하나였다. 난 이윤을 분배하는 데 정확했다. 미리 주지 않고, 나중에 성공하면 그 이윤을 나누자고 했다. 실패하면 당연히 나눠 가질 몫도 없다. 얼마나 편리하고 확실한 계산 방식인가? 남은 만큼 나누고 안 남으면 안 주고. 이게 새로운 자본주의의 논리다. 한 달 꼬박꼬박 일하면 임금을 챙겨 주던 포드 자동차식 공장 자본주의는 이미 끝났다.

과연 그런가? 그렇다면 애플 제품을 조립하는 중국 폭스콘 공장의 노동자들은 무엇인가? "폭스콘에서 오른손을 금속 프레스에 잘린 중국의 한 노동자는 그가 만드는 아이폰 완제품을 한 번도 볼 수 없었다. 그들은 하루 넘게 연속으로 근무한 뒤에야 교대할 수 있었다. 아이폰을 받아 든 그는 아이폰 화면을 손가락으로 밀어 보면서, '마술이군요!' 하고 감탄했다. 애플의 잡스야말로 1984년 매킨토시 출시 광고에서 스스로 깨부수려 한 빅브라더가 되어 버렸다."[18] 이런 비판에 대해 어떻게 생각하나?

할 말 없다. 제조업은 내 영역이 아니다. 내 왕국은 디자인과 꿈이 만나면서 첨단 제품이 개발되고 팔리는 곳이었지 부품 따위를 조립하는 중국의 땀 공장이 아니었다.

사람들은 현실과 상상을 연결하고, 예술과 기술을 결합한 당신을 현대판 다빈치(Leonardo da Vinci)라고 부른다. 그런데 사람들은 당신의 또 다른 결합은 별로 알려 하지도 않고, 알아도 잘 말하지 않는다. 잡스의 천재성과 오른손 잘린 폭스콘

---

18 《뉴욕타임스(New York Times)》, 2011. 10. 6.

노동자의 결합 말이다. 천재 자본가의 구상과 손 잘린 노동자의 실행은 수조 원의 액수로, 수만 킬로미터의 거리로 떨어져 있지만 서로 연결되어 있다. 그 연결 없이 애플은 없다.

그건 나와 애플만의 문제가 아니다. 그것은 현대 자본주의 체제의 문제고 신자유주의 경제 환경의 문제다. 나로서도 어쩔 방도가 없었다.

당신은 디자인의 천재였고, 쇼맨십이 뛰어난 경영자였으며, IT 업계를 평정한 관리자였다. 당신은 디자인과 경영과 기술, 이 모든 것에 대해 '다르게 생각했다.' 이제 우리는 당신과 같은 천재를 다시 보기 힘들 거다. 그러나 '다르게 생각하라(think different)'*는 당신의 멋진 구호는 이상하게도 생산 현장에만은 적용되지 않았다. 노동자들의 노동조건과 생활환경에 대해 당신은 다른 자본가와 별로 다르게 생각하지 않았다.

그 부분은 내 생각이 미치는 범위 바깥에 있었다. 그리고 내 활동 영역도 아니었다. 한마디로 그것은 내 세상이 아니다.

이제 우리도 오늘 하루를 마감하고 잘 시간이다. 마지막으로 한국 IT 업계에 조언을 한마디 해 준다면?

★ 1997년에 애플이 광고 포스터와 텔레비전 방송 광고에서 쓴 문구다. 아인슈타인, 딜런, 킹, 레논, 알리, 간디, 히치콕, 피카소 등이 등장하는 문구는 이렇다. "여기 미친 이들이 있다. 부적응자, 말썽꾼, 반항자, 사각 구멍 안의 둥근 못. 사물을 다르게 보는 자들. 그들은 규율을 좋아하지 않는다. 그리고 현상 유지를 전혀 존경하지 않는다. 당신은 그들을 평가하고 그들에게 동의하지 않을 수 있다. 그러나 당신은 그들을 무시하지 못한다. 그들이 세상을 바꾸기 때문이다. 그들은 인류를 앞으로 나가게 만든다. 어떤 이들은 그들을 미친놈으로 보지만, 우리는 그들에게서 천재성을 본다. 자신이 세상을 바꿀 수 있다고 감히 생각할 정도로 미친 사람만이 실제로 세상을 바꾸기 때문이다." http://en.wikipedia.org/wiki/Think_different

한국에 대해 삼성 말고는 잘 모른다. 삼성은 아이폰 디자인을 베꼈다. 그렇게 해서는 성공할 수 없다. 차라리 우리의 생각을 훔쳐 가라. 성공하려면 베끼는 기술이 아니라 생각을 훔치는 능력을 길러야 한다. "IT는 없는 것을 발명하는 게 아니다. 이미 존재하는, 눈앞에 있는 것을 새롭게 발견하는 작업이다."[19] 그러니까 남의 아이디어를 아무 생각 없이 베끼지 말고 훔쳐서 생각하라. "애플은 위대한 남의 아이디어를 훔치는 일에 대해 이제까지 한 번도 부끄럽게 생각한 적이 없다."[20] 그리고 나 자신도 잘 실행하지 못한 일이기는 하지만, 훔쳐 간 남의 아이디어를 시장에 내다 팔 생각만 하지 말고 네 이웃과 나누라. 그것이 사악한 도둑놈과 착한 해커의 차이다.

잡스! 통화 즐거웠어요. 잘 자요. 안녕.

---

19 《플레이보이》, 1985년 2월 인터뷰.
20 크링글리와 한 인터뷰(1995).

뱅크시, 〈스파이 부스〉, 2013년

오웰,
2015-1984=1984 빅브라더

《1984》의 주인공 윈스턴 스미스는 이제 예순아홉 살이 되었다. 30년 전 빅브라더의 따뜻한 품에 안긴 그는 여전히 오세아니아 진리부에서 행복하게 일하고 있다. 이 글은 2015년 1월에 스미스가 진리부 산하 애국국 정세분석관으로 승진하기 위해 제출한 현 정세에 관한 특별 보고서 발췌문이다.

윈스턴 스미스의 재취업

나는 1984년 오세아니아의 '진리부' 기록국에서 과거의 사실을 조작하는 일을 맡았다. 잘 알다시피 오세아니아에는 전쟁을 관장하는 '평화부', 교화와 개종을 담당하는 '애정부', 매일 복지 배급량 감소만 발표하는 '풍요부', 모든 정보와 기억을 통제하고 조작하는 진리부 등 네 부가 설치되어 있다. 진리부의 구호는 "과거를 지배하는 자가 미래를 지배하고, 현재를 지배하는 자가 과거도 지배한다."[1]다. 나는 1984년 이후 과거에 출판된 저작물을 현재 시점에 맞게 조작하고 수정하는 임무를 맡았다. 인터넷이 본격적으로 대중화된 1994년부터는 내용을 교체할 신문, 서적뿐만 아니라 인터넷 글을 포함한 모든 기록을 추적해 수정하거나 파기하는 작업을 했다. 나는 애국의 사명감을 가슴에 품고 과거 역사 기술의 문제점을 찾아내 자료와 통계를 조작하고 당을 지지하는 해석으로 바꿨다.

1984년에 우리는 '기억 구멍'을 통해 전달되는 각종 자료들을 '구술 기록기'라는 기계로 수정했다. 기억 구멍은, 과거에 중앙 정부가 자료를 선별해 보내 주는 중앙 서버 방식이었다가 인터넷이 활용되면서 분산 병렬 컴퓨팅으로 바뀌었다. 오세아니아의 미국은 프리즘=인터넷 사전, 프리즘이라는 프로젝트를 통해 전 세계 인터넷을 기억 구멍과 연결해 자료와 정보를 빼낸다. 한편 말을 글로 바꾸는 구술 기록기는 말과 글을 합친 '글말'이나 '말글'로 된 신어(新語)★ 발전에 지대한 영향을 미쳤다. 2007년부터는 수정할 저작물의 위치와 내용을 구술 기록기의 마이크에 대고 말하면, 디지

---

1 조지 오웰, 이기한 옮김, 《1984》, 펭귄클래식코리아, 2009, 331쪽.
★ 소설 《1984》에서 구어인 기존 영어를 대체할 언어로 신어가 등장한다. 이 말은 지배층의 세계관을 정확히 담을 뿐, 사상의 자유를 억압하기 위해 갈수록 어휘의 수가 줄어든다. A·B·C어군이 있는데, 각각 일상생활·정치적 활동·과학기술에 쓰인다.

조지 오웰의 동명 소설을 원작으로 한 마이클 앤더슨 감독의 영화 〈1984〉(1956)

털 벌레들이 자동으로 인터넷에서 관련 문구를 찾아 명령한 대로 수정했다. 우리는 빅브라더의 잘못된 믿음 때문에 발생한 오류를 숨기기 위해 지속적으로 기록을 파기하거나 조작해야 했다. 그러면 나중에는 원본과 수정본이 뒤섞여 어느 누구도 진위 여부를 따질 수 없게 된다. 이것은 실수와 오류에 대한 수정이고 당의 '팩트(fact)' 입각 정직성의 발로다.

구술 기록기는 인터넷을 만나면서 그야말로 무적의 도구가 되었다. 건너편 건물 애정부 특별 부서의 댓글과에서는 기억 구멍으로 전달된 인터넷 글에 구술 기록기를 이용해 자동으로 댓글을 단다. 댓글 수만큼 특별 보수를 받기 때문에 그들은 걸핏하면 코피를 쏟았다. 그런가 하면 내 옆 부서인 진리부 '포르노섹(Pornosec)'에서는 인터넷 뉴스 가판대 메인 페이

지를 장식하기 위해 조잡하지만 왠지 끌리는 포르노 기사를 작성하기에
여념이 없다. '2분간 증오'와 '2분간 거시기섹'을 잘 결합하면 인터넷 세상
의 모든 것이 잘 돌아갔다.

세계정세

멍청한 일부 학자들이 인터넷 덕분에 세상이 민주화되고 쌍방향 소통으
로 바뀌었다고 말하지만 빅브라더의 힘은 여전하다. 빅브라더는 이제 세
계화되어 모든 나라를 굴비 엮듯이 하나로 묶어 다스린다. 빅브라더는 빅
데이터와 만나면서 몸과 마음이 한층 커졌다. 기억 구멍을 통해 정보가 실
시간으로 쏟아져 들어오기 때문에 애정부와 진리부 직원들은 이제 청사
에 출근하지 않더라도 자기 오피스텔에 앉아서 자료를 조작하고 역사적
사실을 바꿀 수 있게 되었다. '증오 주간'과 '2분간 증오'는 과거처럼 강당
에 모여 함께 행사를 치르지 않고 온라인을 통해 다양한 방법으로 열리고
있다. 그리고 애정부도 고문이나 감금 같은 고전적 기술이 아니라 순응,
회개, 자백, 전향, 자발적 복종을 받아내는 창의적인 신기술로 능히 사회
를 통제하고 있다.

미국은 오세아니아의 주축국로 나섰고 소련의 몰락 이후 유라시아는 계
속 내리막을 걷고 있다. 그 대신 동아시아의 중국이 급부상하고 있다. 중
국은 1984년 이후 덩샤오핑(鄧小平)이 자본주의든 공산주의든 인민을 잘
살게 하면 그만이라고 '흑묘백묘(黑猫白猫)'라는 이중사고를 앞세운 풍요
부의 일사분란한 정책을 펼쳐 엄청난 경제적 성과를 거두었다. 중국 풍요
부의 성공은 세계 세력 판도에 커다란 변화를 가져오고 있다. 미국과 일
본이 최근 다시 평화부를 강화하는 것은 중국 풍요부의 쾌속 전진이 가져
올 변화 때문이다. 일본은 1990년대 경제 침체 이후 재도약을 위해 발악

에 가까운 길을 선택하고 있다. 이런 상황에서 전쟁을 담당하는 일본 평화부의 구실이 더욱 커졌다. 급기야 아베(安倍晋三)는 최근 기억과의 전쟁을 선포했다. 일본은 전후 처리 과정에서 평화부의 구실이 제한되는 대신 풍요부가 확대되었다. 1984년경 일본 경제는 미국을 위협할 만큼 정말 잘나갔다. 그러나 1990년 이후 거품 붕괴로 어려움을 당하자 일본은 진리부를 확장해 과거의 기록과 사실을 파기하고 자국민의 기억에서 가해자의 경험을 철저히 지우면서 피해자의 기억만을 확대 생산하고 있다. 이들은 평화헌법을 바꿔서 평화부의 전쟁 선포 권한을 전 세계로 확장하는 중이다. 일본 평화부 산하 자위대는 이제 자위만으로는 만족할 수 없다는 것을 아무런 부끄럼 없이 이웃 나라들에게 공공연하게 선포했다.

한국은 인터넷 강국이 되면서 제법 동아시아에서 한축을 담당하게 되었다. 최근 한국에서도 미국처럼 '애국법'을 제정하고 종북 세력을 척결하자는 주장이 난무하고 있다. 애국 세력★들은 국민을 감시하고 사이버스페이스의 공론을 교란한 국정원을 지원하는 법을 만들라고 울부짖기도 한다. 이들은 '2분간 증오' 방식으로 화형식을 열고 떼로 다니며 행패를 부리고 가스통에 불을 붙이는 무모한 행동도 불사한다. 이들은 풍요부에서 노인 복지 수당과 일당을 받아 챙긴다.

대중의 증오

법 없는 선진 법치국가로 발전하는 과정에서도 대중의 분노와 증오를 조

★ 구어에서 전용된 신어의 이중사고를 잘 보여 주는 단어. 이들은 애국과 매국을 구분하지 않고 통일한다. 그들의 애국은 북한을 주적으로 설정하고 무조건 증오하고 적대하는 행위다. 일본과 동조하는 행위는 매국이 아니라 애국이다. 일본은 북한과 적대하고 있기 때문이다. 미국을 지지하지 않으면 매국이다. 북한과 미국이 적대하고 있기 때문이다.

직하는 일은 중요하다. 한국의 '2분 증오' 사례를 보자.

설날이 지난 이번 주 월요일, '종북 좌빨'에 대한 '증오 주간'이 다시 시작되었다. 오늘도 종편 방송에서는 '2분간 증오' 행사를 어김없이 보여 주었다. 그들은 지난 한두 달 동안 북한 방송인지 한국 방송인지 모를 정도로 연일 북한 지도자의 활동과 내분을 보여 주며 증오를 불살랐다. 오늘은 국가 전복 음모 사건에 대한 공판이 있었다. "북한을 추종하며 국가 전복을 노리던 내란 음모자에게 20년형이 선고되었습니다." 머리가 유난히 크고 곱슬머리에 안경을 쓴 종편 아나운서가 자신의 평소 목소리보다 3도 정도 높은 음으로 얼굴을 붉히며 두 눈을 부릅뜬 채 흥분한 말투로 뉴스를 이어 간다. "지하 네트워크 '형제단'이 국가 전복을 도모했습니다. '개애' 같은 놈들입니다! 검찰은 20년을 구형했지만 우리 사회에서 이들을 평생 격리해야 합니다." '2분간 증오'가 끔찍한 이유는 그것이 시청자들의 격렬한 반응을 끌어내서가 아니라, 그들이 조성하는 분위기 때문에 시청자들이 자신도 모르게 분노에 휩싸일 수밖에 없다는 데 있다. 30초만 방송을 보고 있으면 모든 시청자가 '복수의 황홀경, 욕하고 싶은 욕구, 주먹으로 누군가의 얼굴을 때리고 싶은 충동'[2]을 느낀다. 2015년의 이 나라에서는 사상 범죄를 영구히 감출 수 없다. 한동안 또는 몇 년 정도는 감출 수 있을지 몰라도 결국에는 체포되기 마련이다. 빅브라더가 지켜보고 있기 때문이다. '사상 범죄는 곧 죽음'[3]이라는 것을 공공연히 알려 그들이 대단한 순교자로 추앙받기 전에 일개 순응자로 개종시켜야 한다.

그러나 한때 동아시아에서 가장 후진국이던 한국은 1984년에 무수한

---

2 앞의 책, 43쪽.
3 앞의 책, 60쪽.

순교자를 만들어 냈다. 사상범은 매년 늘어났고, 경찰의 노골적인 폭력으로 사회질서를 겨우 유지하는 한심한 나라였다. 그 뒤 풍요부의 노력으로 경제가 발전해 1980년대 말에 포디즘 체제가 갖춰지고, 1990년대 들어 인터넷이 널리 보급되고 정권이 바뀌면서 명실상부한 빅브라더 체제로 전환했다. 이명박 정권에서는 진리부 산하 방송위원회의 눈부신 활약으로 더는 순교자를 만들지 않으면서 자발적 순종주의자와 탈북자, 자유의지를 가진 전향자들을 한데 엮어 새로운 판을 짜는 데 성공했다. 그들의 지배 방식은 1980년대의 교육 단계를 넘어 2000년대의 이해 단계를 거치고 2010년대에는 드디어 수용 단계로 접어들었다. 종편이라는 특이한 방송은 《1984》의 '텔레스크린' 이상으로 증오와 분노를 확산하고 실현하는 일을 잘 수행했다. 종편은 증오와 분노를 조성하는 방식에서 이중사고처럼 모순되는 두 가지 차원을 결합해 그들의 목적을 성공적으로 이루고 있다. 이들의 제작 모토는 '어차피 뭔 말을 해도 우리 편에게는 적에 대한 증오를 북돋우고, 타방에게는 방송에 출연한 정치 평론가의 말씨와 생김새만 봐도 분노를 일으키도록 만든다'는 것이다. 물론 이 과정에서 '종북'과 '좌빨'이라는 신어가 큰 몫을 한다.

이명박 전 대통령은 툭하면 청와대 지하 벙커로 내려갔으나, 그는 전쟁을 담당하는 평화부보다는 자신이 데리고 있던 부하가 관장하는 애정부 산하 특별 부서를 훨씬 더 잘 활용했다. 그는 애정부와 진리부 사이의 원활한 협력을 통해 모든 것이 순조롭게 돌아가도록 체제를 정비했다. 그 뒤에 들어선 정권은 애정부 내 검찰 부서와 특별 부서 사이의 갈등이 노골화되자 검찰 부서장이 벌인 애정 행각을 빌미로 그를 경질했다. 아쉽게도 한국 대통령이 오세아니아 미국을 방문했을 때 수행 중이던 대변인이 밤새 술을 마시고 새벽에 애정을 간구하다 발각되어 혼자 먼저 귀국하는 일이 벌어져 망신을 당하기도 했다. 이 나라에서는 다른 나라와 마찬가지로 애정 행각이 공식적으로는 엄격하게 금지되어 있다. 그래서 특히 애정부에서는 꼭꼭 숨어서 애정을 펼쳐 나가야 한다.

빅데이터와 빅브라더

미국은 오세아니아의 맹주로서 빅브라더 혁신에 앞장서고 있다. 확실히 미국은 혁신과 개척의 나라다. 미국 평화부는 인터넷 시대에는 빅데이터=인터넷 사전, 빅데이터를 확보해야 빅브라더 세상이 안정적으로 지속될 수 있다는 사실을 일찍부터 알고 있었다. 그들은 2001년 9·11 이후에 평화부의 전쟁도발과 더불어 테러 방지를 위한 애정부의 구실이 확대되어야 한다는 것을 깨달았다. 그들은 네 부에 분산되었던 정보 관련 부서를 통합해 국토안보부(DHS)★로 확대 개편했다. 한편 국가안보국(NSA)은 미래의 돌발 행위를 막기 위해 정보 수집 대책이 중요함을 알고 2007년부터 프리즘 프로젝트(미국의 정보수집 작업인 SIGAD US-984XN의 코드명)를 시행했다. 2013년 스노든(Edward Snowden)의 프리즘 프로젝트 폭로 이후 테러 방지를 위한 애정부의 구실을 강화했다. 만약 스노든을 붙잡는다면 1984년에 내가 애정부 101호 고문실에서 당한 배려 이상으로 그를 사랑의 힘으로 개종시켜 스스로 빅데이터와 빅브라더를 사랑하도록 만들어야 한다. 1984년의 교육-이해-수용이라는 3단계 교도 방법은 여전히 유효하다. 미국 애정부는 방대한 재원을 투자해 구글=인터넷 사전, 구글과 페이스북 등 인터넷 거대 서비스 제공자들의 플랫폼=인터넷 사전, 플랫폼에 빨대를 꽂았다. 프리즘 프로젝트가 시작

★ 신어 B어군에 속한다. 국경 경비, 재난 및 화생방 공격 대비 활동, 정보 분석, 이민 관리, 사이버 보안을 담당하며 전체 인원이 17만 명, 1년 예산이 400억 달러에 이른다.

되었고 테러와 자유를 미리 제어하기 위한 이중 방책으로 빅데이터를 활용하기 시작했다. 인터넷의 모태가 전쟁을 담당하는 평화부였다는 역사를 아는 사람이라면 테러에 맞선 전쟁을 위한 빅데이터 활용은 이탈이 아니라 본래의 목적임을 인정해야 한다.

이런 와중에 한국에서는 단연 애정부의 활약이 돋보인다. 한국 애정부의 한 특별 부서는 댓글 달기를 통해 시민에 대한 그들의 사랑과 관심이 얼마나 극심한지를 전 세계에 보여 주었다. 한편 지난 정권부터 진리부는 역사 교과서를 신어로 다시 쓰는 작업을 진행했다. 그들은 오세아니아 당의 3대 구호인 '전쟁은 평화다, 자유는 속박이다, 무지는 힘이다.'를 "친일은 애국이다, 종북은 노예다, 애국은 힘이다."로 슬쩍 바꿨다. 한국 진리부는 신어로 쓴 역사 교과서를 어렵게 제조했으나 아직까지는 '이중사고'와 '오리소리(Duckspeak)'★ 등을 충분히 구현하지 못해 일반 사람들의 호응을 받지 못하는 실정이다. 더 유능한 인재들의 자발적 참여가 없을 경우 앞으로도 어려운 길을 가야 할 것으로 보인다. 평화부도 미국과 연대해 전쟁 불사를 주장하며 애정부의 댓글 달기와 종북 사냥을 측면 지원하고 있다. 전반적 정세를 볼 때 인터넷에 기반을 둔 빅데이터를 빅브라더와 융합해 감시와 통제의 창조적 혁신을 이룩하는 일이 모든 나라의 당면 과제로 떠오를 것이다. 그러니까 '비밀을 지키고 싶다면 무엇보다도 너 자신한테 비밀을 지켜야 한다.' 잊지 말라. 내 조언을.

★ '오리소리'는 두 가지 반대되는 의미를 가진 단어로서 자신과 뜻을 함께하는 사람에게 말하면 칭찬이고 좋아하지 않는 사람에게 말하면 욕이 되는 신어다. 흔히 '꽥, 꽥'으로 발음한다.

신어와 이중사고

이중사고는 서로 모순되는 신념 두 가지를 동시에 수용하는 생각의 힘이다. 1984년 이후 무엇보다 인터넷 덕분에 신어가 급속하게 확장되었다. 대한민국에서는 두 학생이 교보문고에서 만화책을 보며 그 내용을 서로 이야기하는 데 10분 동안 '대박', '대에~박', '헐', '허~얼'로만 충분히 의사소통이 되었다는 사례 보고가 있다. 신어 A어군에 해당하는 '개', '헐', '존나', '아햏햏' 같은 단어는 젊은 층을 중심으로 유행하며 '대박'이라는 말은 대통령도 쓸 만큼 일반화되고 있다. 신어 B어군도 눈덩이처럼 불었다. '일베'를 비롯해 '듣보잡' 같은 신어들이 많이 쓰인다. '미국 애국법'도 이런 B어군을 대표하는 단어다. '미국 애국법'은 애국과 폭력을 하나로 결합해 흑백과 이중사고를 실현한다. 한국에서는 따로 신어를 위한 '엔하위키'*라는 사전도 만들어졌다. 한국에서는 위키피디아보다 이런 신어 관련 위키 사전들이 내용의 충실도와 이용도에서 훨씬 앞서 나가고 있다. 이런 흐름에 대한 대중의 자발적 참여와 신어 사용에 따른 개성 포기도 꾸준히 증가하고 있다. 이중사고는 '자유 노예'와 '민주 독재'를 가능하게 만든다. 이중사고는 좌나 우나 보수나 진보나 모두에게 깊이 침투하고 있다. 구어로는 '현실 통제'다. 진실을 훤히 알면서도 교묘하게 꾸민 거짓말을 하고, 서로 모순되는 줄 알면서 그 두 가지를 동시에 믿는 것이 이중사고의 특징이다. 그는 내 맘에 안 드니 일단 종북이다. 또는 나와 다르면 약간 종북이다. 나를 욕하면 더욱 종북이다. 내 편이 아니면 다 종북이다. '좌빨'은

★ 엔하위키는 일종의 '오마주' 사이트다. 만화와 게임 등에 관한 세부적인 정보를 달기 시작하다가 최근에는 대중문화와 인터넷 문화에 관한 여러 항목의 사전적 설명을 만들고 있다. 위키로 만들어진 사이트 중 방문자 수 2위를 차지할 만큼 인기다.

종북보다 발음의 어감을 통해 좀 더 위압적인 효과를 줄 때 사용된다. 어휘가 줄어들면 이것저것 생각할 여지가 그만큼 줄어들기 때문에 지배층으로서는 그만큼 통치가 쉬워진다. 머리를 전혀 쓰지 않고 말이 후두부를 통해 자동으로 흘러나오게 만드는 게 신어의 도달점이다. 당의 3대 구호인 '전쟁은 평화, 자유는 속박, 무지는 힘'에 덧붙여 '애국', '좌빨', '종북'이 신어로 만들어진 이중사고의 대표적인 예다. 무지한 인간들이 사실을 중시한다며 모든 맥락을 떼어 버리고 오로지 종북과 좌빨로 승부한다. 그들은 파업한 노조에는 업무 방해로 벌금을 내게 하고, 툭하면 고소해 귀찮게 하는 한편, 전쟁을 두려워하지 않으며 전쟁 불사만이 평화라고 주장한다.

피에로 만조니, 〈예술가의 똥〉, 1961년

⎯ 디지털 봉이 김 건달

　조선왕조 말기에 김인홍이라는 건달은 닭을 봉이라 우겨 푼돈을 벌고, 대동강 물을 욕심 많은 장사꾼들에게 팔아넘겨 큰돈을 벌었다. 수미산 남쪽 금강굴에 술과 고기는 일절 먹지 않고 향기만 먹고 사는 하늘의 신, '건달바(乾闥婆)'가 살았다고 한다. 그는 공중을 날아다니며 아악을 담당했다는데, 이제 건달은 별일도 하지 않으면서 놀고먹는 사람을 가리키는 말이 되었다. 인터넷 세상에도 건달들이 여기저기 길목에 자리를 잡고 건수를 기다린다. 인터넷 세상의 큰 건달은 이용자들의 활동을 거둬들이는 플랫폼 하나만으로도 막대한 수입을 올린다. 한편 골목 건달들은 저작권 대리인이라는 이름으로 양아치처럼 푼돈을 거둬들인다. 때로는 버젓이 법률 사무소를 차리고 저작권을 위반했다고 공갈 협박해 동네 아이들의 코 묻은 돈을 후리기도 한다. 조선 시대 봉이 김 선달의 행적에서 해학과 기지를 빼고 사기와 등치기의 핵심만 추려 내면 인터넷 세상의 건달이 된다. 디지털 시대의 건달이 어떻게 먹고사는지 그 기기묘묘한 수법을 알아보자.

디지털 봉이 김 건달

어느 햇볕 좋은 날 김 건달이 인터넷에서 잘나가는 신문 가게를 옆을 지나게 되었다. 마침 진열대에는 유달리 크고 모양이 보기 좋은 '허풍선포스트'라는 새 신문도 걸려 있었다. 김 건달이 주인을 불러 그 신문이 '봉(鳳)' 신문이 아니냐고 물었다. 주인은 '이건 그냥 그렇고 그런 닭 신문이고 봉 수준은 아니'라고 답했다. 김 건달이 짐짓 "흐음, 이건 진정 봉인데……. 그놈 참 잘생겼네. 한국에 가져가면 큰돈이 되겠소."라며 다소 모자라는 체하고 계속 물었다. 처음에는 아니라고 부인하던 신문 가게 장수가 "그래, 봉이다. 옛다 가져가라." 하며 김 건달에게 한국 지부를 떼어 주었다. 비싼 값을 치르고 그 인터넷 신문의 한국 내 판권을 산 김 건달은 인터넷에 한국판 '허풍선포스트' 장터를 열고 사람들에게 글을 올려 달라고 선전했다. 그는 '허풍선포스트는 뉴스 사이트로서 뉴스를 생산하고 큐레이팅도 하지만 SNS 사용자들에 대한 플랫폼[1] 제공도 중요한 역할이자 가치'라고 알렸다.

한국판 '허풍선포스트'는 출범에 맞춰 첫 번째 캠페인으로 스토리 분야에서 젊은 인재를 발굴하는 '개천에서 용 나기' 프로젝트[2]를 전개한다고 전한다. 개천에 사는 이용자들 중에서 용을 가려 뽑겠다는 말이다. 수많은 개천 거주 이용자들이 콘텐츠를 제공하면 그중에 '용천'할 재원을 가려 지원하겠다는 뜻이다. 이 또한 디지털 시대의 닭을 튀겨 봉을 만드는 수법이다. 이들은 개천에서 지렁이를 먹고 살던 닭들이 봉황이 되려는 헛된 욕망을 불사르면서 '지랄용천'으로 콘텐츠를 올릴 것이라고 예상한다. 그러나

---

1 〈허핑턴포스트코리아 출범 "높은 참여·깊은 기사·넓은 확산"〉, 《중앙일보》, 2014. 2. 28.
2 〈생생한 날것인가, 개나소나 기자인가…허핑턴포스트 '코리아' 개통〉, 《중앙일보》, 2014. 2. 28.

'허풍선포스트'는 닭을 봉황으로 만드는 데 애당초 관심이 없다. 단지 봉을 잡기만 바랄 뿐이다.

공짜로 글을 올리라고 하자 화가 난 사람들이 여기저기서 김 건달을 욕하기 시작했다. 본산지 미국에서 블로거들이 '허풍선포스트'에 원고료를 지급하라고 소송을 낸 적도 있기에 '허풍선포스트' 회장이 직접 방한해 원고료 미지급 정책에 대한 의견을 밝혔다. '우리는 글을 달라고 강요한 적 없다. 쓰기 싫으면 안 써도 된다. 원고료 지급 요구는 디지털 시대가 어떤 것인가에 대한 이해가 부족해서 나오는 게 아닌가 싶다. 많은 이들이 돈을 안 받고도 페이스북이나 위키피디아에 적극적으로 참여한다'[3]는 것이다. 그런데 이들은 위키피디아 같은 재단도 아니고, 커뮤니케이션 플랫폼을 제공하는 SNS도 아니다. 더구나 '허풍선포스트'는 새로 설립된 인터넷 독립 저널리즘 사이트가 아니다. 그것은 이제 온라인 미디어 대기업인 에이오엘(America Online)을 모기업으로 둔 돈벌이 수익단체다. 이미 김 선달의 물장수 이야기를 익히 알고 있는 한국에서 이런 전략이 잘 먹혀들까?

이런 장사 방식은 《와이어드(Wired)》지 편집장 앤더슨(Chris Anderson)이 그의 책[4]을 통해 벌써 몇 년 전에 공개했다. 그는 이용자들의 활동을 공짜로 가져다 쓰고 이용자도 서비스를 공짜로 쓸 수 있게 하면서 수익은 다른 통로에서 창출하는 인터넷 시대의 '공짜' 사업 전략을 사업가들에게 알려 주었다. 그는 오픈 소싱*과 이용자 활동물의 무상 수취가 인터넷 사업의 핵심임을 간파하고 있었다. 영리를 추구하는 기업이 노골적으로 '공동

---

3 앞의 기사.
4 크리스 앤더슨, 정준희 옮김, 《프리》, 랜덤하우스코리아, 2009.
★ 원청업체와 납품업체가 폐쇄적인 관계에 머물지 않고 각각 부품을 여러 곳의 납품업체에서 구입하거나 여러 곳의 원청업체에 자유롭게 납품하는 경영 전략을 말한다.

의 것'＝인터넷 사전, 공동의 것에 눈독을 들이기 시작했다.

물론 그 전부터 이용자 활동 결과물은 포털이나 검색 사이트 등의 핵심 콘텐츠로 자리 잡고 있었다. 별로 지식인답지 않은 '지식iN'의 급격한 성장이 그렇고, 인터넷 대중화 전 시기의 PC통신 게시판이나 동호회도 바로 이용자 활동에 뿌리를 두고 성장했다. 2000년대 한 시절 한국 디지털 문화를 대표하던 '디씨인사이드(DCinside)' 또한 이용자 활동을 통해 성장한 사이트고, 최근 문제를 자주 일으키는 '일베'도 마찬가지다. 서비스 플랫폼 뒤에서는 '숨은 주인'들이 저절로 벌어지는 입을 다물지 못한 채 인상 관리를 하고 있다. 그들이 플랫폼으로 닭을 잡아 봉을 만드는 진정한 디지털 봉이 김 건달이다.

닭으로 봉 만들기

인터넷 길목을 서성이던 각종 건달들이 새로운 저널리즘이란 이름을 내 걸면서 디지털 삐끼를 동원해 여기저기서 활동하고 있다. 최근의 디지털 건달들은 선조 김 선달을 본받아 닭을 봉으로 만드는 기술과 대동강 물 팔듯이 '공동의 것'을 자신의 것으로 속여 파는 기술을 섞어 쓰고 있다. 이들이 보통 닭들을 꾀어 봉이라고 부추긴 후 그들이 미끼를 물면 '봉'으로 만들어 버린다. 한마디로 '봉 잡는 일'이다. 그들은 평범한 고객도 작가가 될 수 있고, 영향력 있는 저널리스트가 될 수 있다고 이용자를 꾄다.

먼저 인터넷 거리의 삐끼들은 '세상을 즐겁게 살 수 있다'는 솔깃한 말로 사람들을 현혹한다. 그다음 큐레이션으로 돈 벌기는 김 선달이 대동강 물을 팔아먹는 수법과 비슷하다. 인터넷 기업을 대표하는 구글＝인터넷 사전, 구글처럼 큰 업체들도 이런 수법을 쓴다. 구글의 유튜브가 이를 잘 보여 준다. 닭들을 모아 닭장을 만들고 닭들이 낳는 알을 챙겨 가는 방식이다. 닭들은 자신들을 봉이라고 부르는 플랫폼 주인들에게 자기 생산물을 공짜로 갖다 바친다. 달걀을 모아 놓으면 엄청난 콘텐츠 생산물이 되고, 그것을 만드는 플랫폼만 제공해 주면 따로 돈 들일 필요도 없이 달걀을 무상으로 거둬들일 수 있다. 피고용자들과 옥신각신할 필요 없이 창공을 날아다니며 풍월을 읊고 향기만 마시고 사니 이 얼마나 건달다운 돈벌이 방식인가? 봉이 김 선달이 따로 없다.

발 빠르게 이용자 생산 콘텐츠를 수집하고 이를 큐레이션해 트래픽을 늘리면 당연히 돈이 된다. 이용자들은 자신이 올린 콘텐츠가 돈이 되는지 여부에는 관심이 별로 없다. 그저 그것이 실리면 자랑이고 명예다. 순진한 이용자는 "이제 나도 작가로 등단하게 되나 보다." 하고 환상을 갖는다. "당신은 닭이 아니라 봉이다."라는 부추김에 노력의 산물을 그냥 넘겨준다. 이들은 공유와 나눔의 정신을 교묘하게 이용해 돈을 번다.

디지털 건달들의 삐끼 짓과 삥땅 기술

이용자들의 콘텐츠 플랫폼을 차려 놓고 트위터와 페이스북 등 SNS를 내용물 전달 매개체로 활용하는 신종 건달 저널리즘이 우후죽순처럼 생겨나고 있다. 그만큼 인터넷에는 이용자 활동으로 만들어진 '공동의 것'이 차고 넘치게 되었다는 말이다. 오늘이라도 당장 전국의 이용자들이 24시간 인터넷 이용을 중지하는 파업을 전개한다고 생각해 보라. 포털 사이트를 비롯해 수많은 이용자 활동 기반 서비스가 뒤죽박죽이 될 것이다. 물론 큐레이션 자체가 나쁜 일은 아니다. 선택과 배열이 돋보이는 뛰어난 큐레이션은 창작 못지않은 의미를 전달한다. 그러나 이들은 대부분 언론의 비판적 구실보다는 닭들을 꾀어 그들의 무상 활동을 수취하고 수지를 챙기는 데 목적이 있다. 건달 선조 김 선달이 미리 매수한 물장수 삐끼들을 동원해 물을 퍼갈 때 그에게 돈을 지불하는 시늉을 하도록 연출해 대동강 물을 팔아넘겼듯 사이트와 이용자를 욕심에 눈먼 다른 장사치에게 비싼 값에 넘겨 한몫 챙기는 게 그들의 목표다. 그도 여의치 않으면 돈을 '받아 챙기고 도망가 버리면' 그만이다.

이 신종 매체들은 엉성한 기고자들의 콘텐츠를 무상으로 공급받아 무상으로 공급하면서 새로운 수익 창출을 모색한다. SNS라는 삐끼들의 활약을 발판으로 손쉽게 호객 활동을 벌이면서 콘텐츠 제작자는 물론이고 삐끼에게도 돈 한 푼 지급하지 않는 큐레이션 공유 모델의 상용화가 이루어진다. 콘텐츠를 제공하는 사람들은 나름대로 명망가이거나 명망가가 되고 싶어 하는 사람들로서, 이들에게 평판을 대가로 공짜 플랫폼을 제공해 닭장 안으로 유인한다. 그렇고 그런 보통 닭을 봉이라고 부추기며 그들을 포획한다. 콘텐츠 기부자, 혹은 자원봉사자, 재능기부자 들은 무료로 노동력을 '기부'하는 디지털 봉이 된다. 봉이 되어도 좋은 '부자 닭'은 그래도 괜찮지만 수많은 '잉여 닭'='인터넷 사전, 잉여들의 활동과 시간은 마땅하게 보상받을 방도가 없다.

'통찰(insight)'이라는 이름을 내건 인터넷 큐레이션 사이트는 이렇게 자신을 선전한다. "통찰 사이트는 기자가 만들었지만 콘텐츠는 기자가 아닌 '통찰' 기고자(Contributer)들이 만든다. 정치, 경제, 사회, 종교, 학계, 문화, 예술 등 이 시대의 명사와 멘토, 전문가 인사들이 기고자라는 이름으로 자신의 통찰력과 지성이 담긴 글을 통해 통찰력으로 미래를 본다는 철학을 실천하겠다."[5] 결국 기고자와 기부자가 동격임을 실토하고 있다. 이들이 기고자의 허영심을 부추겨 공짜로 기부하게 만드는 기법은 다음과 같은

---

5 http://www.insight.co.kr/

자사 소개문에 아주 잘 드러나 있다. "기고자들은 원고료를 받지 않고 자발적인 참여로 자신의 분야 혹은 생각에 대한 통찰력이 담긴 글로 독자들과 소통하고 싶어 합니다. '통찰' 사이트는 기고자들의 글과 이미지로 된 콘텐츠를 독자들에게 제공하여 기고자들과 독자 간에 팬덤 문화를 형성합니다." 기고자들이 모여 한 말이 아니라는 것은 누구나 알 수 있다.

그래서 사람들은 '인사이트'를 통찰이 아니라 '꼼수나 편법, 또는 통밥'이라고 조롱하기도 한다. 콘텐츠의 선전과 유통은 페이스북과 트위터 등 수많은 이용자를 확보하고 있는 SNS를 이용하면 된다. 콘텐츠 기부자들이 이미 인기인으로서 수많은 친구와 팔로워가 있다면 콘텐츠 소비자를 확보하는 일도 별로 어렵지 않다. 주력 블로거와 약간 유력한 작가나 인터넷 재야의 글쓰기 달인 들을 용이 되시라고 꾀어서 자발적으로 글을 쓰게 만들면 그냥 그걸로 콘텐츠 생산이고 유통이고 모든 것이 끝이다. 얼마나 효율적이고 손쉬운 마케팅 수법인가? 그리고 글의 말미에 'ⓒ인사이트' 표시를 하고는 무단 전재를 금지한다고 한다. 봉을 모셔 봉 만들기. 사태가 이러니 이 시대의 닭들은 봉황 되려다 봉 되는 함정을 각별히 조심해야 한다.

속섬 김 건달의 이미지 팔아먹기

디지털 시대에 건달이 여럿 있었으나 조선 시대 김 선달의 진정한 계승자는 변방의 섬, 속섬에서 나왔다. 닭을 봉이라고 우겨 용돈을 번 김 건달이 하루는 강원도 삼척으로 놀러 갔다. 여러 화가들이 그려 유명해진 물 위에 뜬 소나무 숲을 직접 구경하러 속섬을 향해 길을 떠난 것이다. 소나무 숲이 그대로 물 위에 떠 있는 속섬의 풍광은 기가 막혔다. 김 건달은 함께 간 영국 사진사에게 사진을 찍으라고 했다. 사진가는 고국으로 돌아가 이 사

진들을 출판했다. 이 사진뿐만 아니라 아시아 각국의 풍광 사진으로 그는
꽤나 유명해졌다.

그런데 어느 날 영국 사진사의 사진이 돈이 되리라고 본 한국인 미술관
주인 하나가 대동강 물을 팔아넘긴 선조의 기지를 이어받아 대한민국의
속섬 이미지를 팔 궁리를 했다. 주인 없는 대동강 물을 파는 짓이나 주인
없는 속섬의 소나무 영상에 대한 독점적 권리를 파는 짓이나 큰 차이가
없었기 때문이다. 그는 우선 영국 사진사와 한국에서 그의 사진에 대한 지
적재산권을 대행하기로 대충 계약했다.

속섬에 대한 예술 촬영 계약서

품명: 속섬에 대한 사진 각도 및 노출과 기타 기술적·예술적 노하우.
소유자: 영국 사진가 캠냐.
상술한 속섬 예술 사진 각도와 노출, 기타 노하우를 소유자와 정식 합의
하에 인수함을 증명함.
전권 인수자: 공짜라고는 없는 갤러리 건달(도장 없음).
인수 금액: 나중에 팔리는 대로 드림.
인도자: 영국 사진가 캠냐(도장 없음).

그가 원작자에게 돈을 아주 많이 주고 지적재산권=인터넷 사전, 지적재산권을 산
것처럼 보이게 하니 다른 사람들도 그 사진을 쓰려면 돈을 지불해야 했다.
그러다 자사의 속섬 사진을 쓰지 않고 다른 아마추어 사진가의 저렴한 속
섬 사진을 광고에 이용한 거대 항공사에 소송을 걸었다. 인터넷 세상 저작
권사에 길이 남을 희대의 저작권 분쟁이 한국에서 벌어졌다. 사람들은 이

지점에서 조선 시대의 봉이 김 선달을 떠올렸다. 닭을 봉으로 보이게 만드는 신묘한 기술을 건 대기업과 대동강 물을 팔아먹으려던 공짜 갤러리 간의 자충수가 만나 추잡한 진흙탕 싸움이 되고 말았다. 둘 다 봉이 김 선달의 피를 이어받아 돈 되는 일에는 총기를 번득이지만, 아쉽게도 그들에게서는 김 선달에게 있던 해학과 기지는 그만두고 건달의 값싼 여유조차 찾아볼 수 없었다.

인터넷 저작권 세계의 가장 후미진 곳에는 야비한 수법으로 삥땅을 치는 저작권 대리인들이 도사리고 있다. 거대 기업 규모의 저작권 대리에서부터 각종 예술가, 연예인 연합회에 이르기까지 저작권 대리인 단체는 다양하다. 서너 단체가 동시에 저작권을 관장한다며 다투기도 하고, 저작권 없는 저작물에 대한 저작권도 대신 관리해주겠다며 엉터리 저작권 단체를 설립하여 독점적 관리 권한을 취득하기도 한다. 그들이 과연 저작자의 권리를 지켜주기 위해 존재할까? 그들은 누구의 저작권을 대리하는가? 공동의 공유물과 사적인 소유물이 각각 그 쓰임새와 의미가 다르니, 욕심이 과하여 공을 사로 취하려는 자나 사사로운 이득을 위해 공을 훔쳐 자기 것으로 독점하려는 자는 크게 욕을 보리라.

에드거 엔드레스 외, 〈지식의 사도행전〉, 2007년

보르헤스,
천상의 분류법과 인간의 종말

　보르헤스는 1942년에 발표한 짧은 소설 〈존 윌킨스의 분석적 언어(The Analytical Language of John Wilkins)〉에서 중국의 백과사전인 《은혜로운 지식의 하늘 창고》에 나오는 인간 분류 방식을 소개한다. 거기에서는 인간(동물)을 이렇게 분류한다. 황제(구글)에 예속된 인간, 박제된(구글링된) 인간, 프로그램을 짤 수 있는 훈련된 인간, 돼지, 인어, 전설의 인간, 떠돌이 노숙자, 이 분류에 포함되는 인간, 미친 듯이 날뛰는 인간, 헤아릴 수 없이 많은 인간, 섬세한 낙타털 붓으로 그린 인간, 기타, 방금 휴대전화를 깬 인간, 멀리서는 파리로 보이는 인간. 푸코는 종횡을 가로지르는 이런 분류가 아주 경이롭다고 보았다. 이 분류는 말과 사물의 재현 관계를 뒤집어 버린다. 인간을 분류한 척도가 열네 가지인데, 척도가 뒤죽박죽이면 사물을 분류해 배치할 수 없다. 이것은 균질함의 단일 척도를 허용하지 않는 14차원 분류법이다. 이런 방식을 이용하면 인간은 질서 있게 분류되지 않는 대신 과거와 다르게 사유될 수 있다. 보르헤스의 입을 통해 인터넷 세상에서 우리가 어떻게 분류되고 개체화되며 '필터링'되는지를 들어 보자.

인터넷 세상의 분류법

세상을 분류하는 행위치고 '마음대로'가 아닌 게 없다는 건 세상 사람들이 다 아는 사실이다. 그 이유는 아주 간단하다. 우리가 세상이 무엇인지 알지 못하기 때문이다. 사람들은 세상을 알지는 못하지만 무엇을 하려고 한다. 그것이 살아 있는 인간의 속성이다. 움직이고 무엇을 하지 않으면 존재할 수 없기 때문이다. "인간은 임의적이지만 자신의 체계를 확립하는 일을 결코 포기하지 않는다."[1] 인간이 '사물의 체계'를 확립하려는 이유는 자신을 위해 사물을 좀 더 효율적으로 배치하는 데 있다. 자연사에서 출발해 자연과학의 성과를 낸 인간은 생명체와 인간과학으로 개입의 폭을 넓혔다.

　사물의 체계를 완성한 인간은 이제 '인간의 체계'를 세웠다. 정치학과 역사학을 거쳐 정치경제학을 만들었다. 인간이 만든 모든 인공물에 관한 정보가 디지털로 전환되어 인터넷 세상에 집적되기 시작하자 인간은 이제 '정보의 체계'에 관심을 집중하기 시작했다. 구글=인터넷 사전, 구글은 페이지랭크를 통해 인터넷에 존재하는 웹페이지들의 체계를 만들었다. 웹페이지는 인터넷 세상을 구성하는 사물이고, 검색 결과는 그것에 질서를 부여하는 체계다. 린네(Carl von Linné)가 《자연의 체계(Systema Naturae)》에서 이명법을 이용해 생물을 동물 4400종, 식물 7700종으로 분류했다면, 페이지는 웹페이지의 질서를 부여한 인터넷 세상의 린네다. 그는 자신의 이름인 페이지를 넣어 만든 '페이지랭크'를 통해 웹페이지에 '서열'(랭크)과 질서를 부여했다. 페이지랭크는 서로 연결된 주고받음의 링크로 서열화되어 있다. 구글의 분류는 린네 분류학의 종점인 종에서 출발한다. 구글은 인간의

1　호르헤 루이스 보르헤스, 정경원 옮김, 〈존 윌킨스의 분석적 언어〉, 《만리장성과 책들》, 열린책들, 2008, 191쪽.

검색어를 분석해 인간을 세세하게 재분류한다. 그리고 웹페이지를 주고 받는 링크들에 따라 배열한다. 말과 사물은 이제 동일 공간에서 재현되고 일치되는 방식을 택하지 않는다. 사물과 말의 일치는 애당초 사라졌고 검색어를 포함한 문서와의 일치만 존재한다. 말과 문서가 쉽게 일치되는 것은 그것이 디지털 기호이기 때문이다. 동일한 재현을 거부하는 사물을 기호(말)로 바꾸고 그것을 다시 디지털로 전환하면 사물과 말은 쉽게 일치될 수 있다.

사물과 말의 일치를 완성한 검색 왕국은 이제 그것을 이용해 인간의 체계를 다시 짜려는 거대한 기획에 착수했다. 사물과 인간과 정보를 한 축으로 꿰면 정보를 통해 인간을 사물과 마찬가지로 한 체제에 편입할 수 있다. 사물과 인간의 활동으로부터 추출된 정보가 그 일을 해낸다. 이제 사물과 인간 활동에서 추출된 정보가 인간과 사물을 배치하고 분류하고 기획하고 조종하고 관리할 수 있게 된다. "존재의 명칭 속에 그 존재의 운명과 과거와 미래가 포함된 그런 언어를 고안해 낸다는 게 이론적으로 보자면 불가능한 것도 아니다."[2] 구글의 검색 알고리즘인 '페이지랭크'와 페이스북이 활용하는 알고리즘인 '에지랭크(EdgeRank)'는 그런 언어로 쓰인 알고리즘=인터넷 사전, 알고리즘이다.

당신은 구글이나 네이버를 통해 하루에 검색을 몇 가지나 하는가? 인터넷을 이용하면서 하루에 디지털 쿠키★를 몇 개나 먹는가? 당신은 당신에 관한 정보 부스러기를 페이스북과 트위터에 얼마나 남기는가? 감정과 분

---

2 앞의 책, 192쪽.
★ 쿠키(Cookie)는 인터넷 사용자가 어떤 웹사이트를 방문할 경우 그 사이트가 사용하는 서버에서 사이트 방문자의 컴퓨터에 남기는 기록 정보 파일이다. 〈헨젤과 그레텔〉이라는 동화 속 쿠키에서 따온 이름이다.

노와 편 가름과 욕을 몇 개나 쏟아 내는가? '아무도 우리가 개인 줄 모른다.'*며 마음껏 인터넷 세상을 검색하며 돌아다니던 개들은 이제 익명의 개로 숨을 수 없다. 그들이 어떤 사료를 먹는지, 어떤 상황에서 짖는지, 꼬리는 언제 내리는지, 그래서 그들의 종자가 무엇인지가 다 드러난다. "너, 꼴통 똥개지? 넌 수입산 푸들, 넌 토종 황구……." 인터넷의 자동 개 분류 기계들은 당신이 어떤 종자인지 알아내는 수준을 넘어 당신에게 알맞은 사료까지 미리 골라 주신다.

개별화되는 이용자와 프라이버시

"알렙의 직경은 2~3센티미터 정도 되는 것 같았지만, 우주의 공간은 전혀 축소되지 않은 채 그 안에 있었다. (중략) 나는 더러운 나의 피의 순환을 보았고, 나는 사랑의 톱니바퀴와 죽음의 변화 과정을 보았으며, 나는 모든 지점들로부터 알렙을 보았고, 나는 알렙 속에 들어 있는 지구를, 다시 지구 속에 들어 있는 알렙과 알렙 속에 있는 지구를 보았고, 나는 나의 얼굴과 내장들을 보았고, 나는 현기증을 느꼈고, 그리고 나는 눈물을 흘렸다."[3]

　인터넷 세상은 알렙을 닮았다. 거기에는 내 얼굴과 뇌수와 사랑과 죽음이 담겨 있다. 구글은 알렙처럼 모든 것을 저장한다. 내가 검색창에 친 단어와, 그것을 친 컴퓨터의 IP 주소, 입력 시간 들이 구글의 빅데이터=인터넷 사전, 빅데이터에 저장되어 있다. 구글은 필요할 때 저장된 기억들을 꺼내어 나라는 개체를 세세하게 재구성한다. 아마존도 마찬가지다. 그들은 내가 검

★ 《뉴요커(The New Yorker)》(1993. 7. 5.)에 실린 스타이너(Peter Steiner)의 만화에서 컴퓨터 모니터 앞에 앉아 있는 검둥개가 자신을 올려다보는 바둑이한테 하는 말이다. 스타이너는 이 만화의 복제 저작권으로 5만 달러를 벌었다.

3　호르헤 루이스 보르헤스, 황병하 옮김, 〈알렙〉, 《알렙》, 민음사, 1996, 232쪽.

색하거나 구입한 책 이름을 일일이 저장하면서 나를 그들의 장부책으로 만들어 버린다. 그들은 들판의 풀잎과 숲속 나뭇잎의 세세한 무늬와 모양을 하나하나 다 기억하고 있던 푸네스[4]를 연상시킨다. 푸네스는 꿈이나 비몽사몽 중의 지난 일들을 아주 세세하게 기억해 낼 수 있었다. 그의 지각력과 기억력은 완벽해서 어제 일어난 모든 일을 오늘 하루 동안 똑같이 복원해 낼 수 있었다. 그는 정원 포도나무의 잎사귀와 가지와 포도 알이 몇 개인지 지각하고 그것을 고스란히 불러 내는 능력을 가졌다. 어느 여름 날 밤 그의 방을 찾아간 내게 말했다. "나 혼자서 가지고 있는 기억이 세계가 생긴 이래 모든 사람들이 가졌을 법한 기억보다 많을 거예요. (중략) 그런데 내 기억력은 마치 쓰레기 하치장과도 같지요."[5] 마치 구글의 빅데이터가 하는 말 같지 않은가?

구글은 개별화 서비스를 통해 이용자의 행동 결정에 개입한다. 광고를 최적화하기 위한 알고리즘이 우리의 생각과 생활을 미리 결정한다. 당신의 결정은 과거 행동의 결과가 집적된 데이터를 활용하는 서비스 알고리즘에 따라 미리 결정된다. 계속 그 서비스를 이용하는 한 당신은 그 알고리즘이 제시하는 당신을 믿을 수밖에 없다. 당신은 구글이 제시하는 당신에게 사기당한다. 빅데이터에서 만들어져서 제공되는 당신의 습관은 통계로 형성된 당신을 당신에게 강요한다.

당신에게 똑 들어맞는 세계는 과연 좋은가? 당신이 좋아하는 것으로만 이루어진 신세계는 실세계가 아니다. 우리를 매혹하던 열린 인터넷이 어느새 닫힌 인터넷으로 바뀌어 우리를 좁고 개별화된 틀에 가두고 있다. 온

---

4 호르헤 루이스 보르헤스, 황병하 옮김, 〈기억의 천재 푸네스〉, 《픽션들》, 민음사, 1994.
5 앞의 책, 184쪽.

라인 광고와 검색이 서로 결합되고 페이스북에 올린 이야기가 광고의 링크거리가 되고, 트위터에서 만나는 인간이 당신과 같은 정치 성향의 족속들뿐이고, 그것이 여론이라 믿고 서로 핥고 팔로잉하며 세상은 우리 것이라고 난리 치게 되었다.

"모든 기술은 인터페이스를 가진다. 그곳에서 당신은 끝나고 기술이 시작된다."[6] 필터링 서비스는 당신의 일상생활에서 출발한다. 당신이 어떤 서비스를 쓰지 않는 한 당신을 향한 개별화된 서비스는 주어지지 않는다. 구글 검색을 하지 않는 데 당신의 특성에 맞춘 검색 서비스가 주어질 리 없고 아마존에서 책을 사거나 검색하지 않았는데 '당신이라면 구입해야 할 책' 추천이 들어올 리 없다. 인터넷 시대의 푸네스인 구글은 이렇게 말한다. "나는 당신이 누구인지, 무엇을 좋아하는지, 무엇을 원하는지, 어제 무엇을 했고 오늘 무엇을 하며 내일 무엇을 할지 알고 있다. 당신에게 안성맞춤인 서비스를 제공하는 나는 당신을 잘 알고 있다. 나는 당신에게 어떤 광고를 전달해야 할지에 대해 광고주에게 당신을 건네준다."[★]

백설공주 시대에 거울이 있었다. "거울아, 거울아, 이 세상에서 누가 제일 예쁘니?" 하고 물으면 그 거울은 당당하게 진실을 말해 주었다. '당신이 아니라 백설공주'라고. 그러나 인터넷 시대의 거울은 그렇게 말해 주지 않는다. 항상 '당신이 제일 예쁘다'고 말한다. 당신은 이 세상에서 제일 멋지고 똑똑하고 현명하고 섹시하다. 개별화된 인터넷 서비스는 모두 당

---

6 엘리 프레이저, 이현숙·이정태 옮김, 《생각 조종자들》, 알키, 2011, 20쪽.
★ 미국의 소비자 단체인 컨슈머워치독(Consumer Watchdog)은 구글이 어떻게 이용자의 사생활 관련 자료를 이용하는가에 대해 여러 가지 비판 작업을 수행하고 있다. 2010년 9월에 유튜브에 올린 애니메이션에서는 슈미트가 아이들에게 공짜 아이스크림을 주면서 그들의 생활, 생체 데이터를 긁어모으는 패러디가 전개된다. 구글 안경을 쓴 슈미트는 '이걸로 나는 모든 것을 볼 수 있다'고 말한다. http://www.youtube.com/watch?v=Ouof1OzhL8k

신이 최고라고 추어올린다. 이 세상 모든 사람이 거울 속에서 최고로 멋진 자신과 만난다. 분명 이상한 나라다. 사람들은 납작해진 빈대떡처럼 생각의 깊이가 얕아지고, 화덕 위의 반죽처럼 평평해지면서 뜨뜻하게 달아오르는 온기에 느긋하게 정신 줄을 놓는다. 구글과 페이스북은 당신이 누구인 줄 알지만 당신은 그들이 당신을 어떻게 만드는지 모른다. 사각 파전으로 지지는지, 오각 팬케이크로 굽는지, 납작한 빈대떡으로 부치는지, 그냥 덩어리로 굽는지를 당신은 알지 못한다. 그들은 당신에 대한 당신의 통제권을 빼앗아 간다. 당신 스스로 인터넷 세상을 만든다고 착각하지 말라. 그들이 보여 주는 대로 그들이 추천하는 대로 그렇게 당신의 인터넷 세상은 다시 구성된다. 당신이 인터넷 세상을 만드는 것이 아니라 그들이 당신을 만든다. 마치 내가 언어를 말하는 것이 아니라 언어가 나를 말하는 것처럼……. 구글에서 당신이 스스로 무엇을 찾고 검색한다고 생각하지 말라. 당신은 구글에서 검색되고 찾아지는 것이다.

온갖 세세한 사실들을 일일이 머릿속에 집어넣는 푸네스는 기억하지만 사고할 수 없었다. 기억의 빅데이터이자 빅브레인인 구글은 푸네스와 마찬가지로 사고할 수 없다. "사고한다는 것은 차이점을 제쳐 두면서 일반화하고 개념화하는 작업이다. 푸네스의 풍요로운 기억의 세계에는 단지 즉각적으로 인지되는 세부적인 것들만 존재한다."[7] 그래서 빅데이터와 빅브레인은 사고할 수 없다. 그것은 기억의 기계일 뿐이다. 사고가 없는 기억은 인간을 표준화의 틀로 개별화하고 파편화한다.

---

7   호르헤 루이스 보르헤스, 앞의 책, 137~189쪽.

보르헤스, 천상의 분류법과 인간의 종말

이곳에서 빠져나가라

당신은 인터넷 세상의 개별화된 맞춤 언론이 새롭고 의미 있다고 생각하는가? 가짜 이슈와 오락과 게임이 정말 중요한 일들을 가리고 있지는 않는가? 페이스북 담벼락에 올라오는 신문사의 글과 친구들의 추천이 정말 의미 있는 내용으로 채워지고 있는가? 네이버 가판대의 신문들에서 사용하는 표제어를 보라. 그것이 세상을 보여 주는가? 페이스북 담벼락을 보다가 친구가 추천해 놓은 링크를 따라 신문사 기사로 찾아간다. 그나마 볼 만한 기사 사이사이에는 온갖 똥파리들이 날아다닌다. 움직이는 똥파리 떼를 용케 피하면 여기저기 박혀 있는 똥통들이 들어오라고 유혹한다. 그것을 또 용케 비켜 나가면 어제 온라인 상점에서 검색한 물건이 나타나 기사를 아래로 스크롤할 때마다 쫓아 내려오면서 빨리 구입하라고 보챈다. 이게 무슨 언론이고 신문인가? 이런 디지털 똥파리 천국의 똥통 광고는 보수와 진보를 가리지 않는다. 조금이라도 상식이 있는 언론이라면 똥파리와 똥통부터 정리해야 한다. 그러나 그들은 그리하지 않을 것이다.

저커버그는 아주 거만하게 말한다. "여러분은 단 하나의 정체성을 가집니다. 우리 페이스북을 통해서 말이지요. 우리가 당신을 하나로 만들어 줄 겁니다. …… 자신에 대한 두 개의 다른 아이덴티티를 갖는 것은 성실성이 부족하다는 증거지요."[8] 누가 네게 자신을 하나로 만들어 달라고 했는가? 이용자는 데이터 뭉치에서 만들어지는 프로파일링 개별화를 거부할 수 있어야 한다.

'나'는 고정된 내가 아니다. 나는 항상 상황 속에 있기 때문이다. 물론 내 습관과 타성이 맥락이나 상황을 떠나 그 관성을 보여 줄지라도 다른 배경

---

8 이비드 커크패트릭, 임정민 옮김, 《페이스북 이펙트》, 에이콘출판, 2010, 289~290쪽.

과 맥락에 놓여 있는 나는 같지 않다. 당신은 솔직하기를 원하는가? 당신은 항상 하나의 정체성으로 드러나기를 바라는가? 초지일관하고 절대 변절할 수 없는 인간이고 싶은가? 그렇다면 당신에게 프라이버시=인터넷 사전, 프라이버시는 필요 없다. 그러나 당신 안에 존재하는 수많은 당신이 당신을 드러내고 구성한다. 당신은 그것을 구별하고 분리하며 관리하고 유지하고 재배치해야만 한다. 이것이 프라이버시다. 그런데 이것을 하나의 프로파일링이나 개별화로 만들어 버릴 때 당신의 프라이버시는 여지없이 무너진다. 당신의 개성과 정체성은 글들이 만든 알고리즘에 따라 표준화된 틀로 만들어진 가짜 개별성으로 전락한다.

프로파일의 개인 정보란 개인에 대해 사회가 규정하는 인구학적 정보이다. 그것은 개인에 고유한 사적 정보는 아니지만 개인을 따라다니면서 주어진 규격으로 우리를 드러낸다. 개인에 대한 진짜 사적인 정보는 그 사람의 생각과 활동이 만든다. 그렇다면 우리는 페이스북에 나에 대한 정보를 줄줄 흘리고 있는 게 된다. 더 나아가 프로필 난에 스스로 '꽃과 파리를 좋아하며' '정치 성향은 매우 조급함'이라고 추가로 써 놓으면 한 개체에 대한 윤곽이 더욱 분명하게 드러나게 된다. 그러한 프로파일 정보보다 훨씬 더 중요한 것이 바로 우리가 담벼락에 올리는 각종 글과 사진들이다. 페이스북 플랫폼에서 이루어지는 나의 모든 행위는 자동으로 페이스북 데이터베이스에 비트로 저장되어 남겨진다. 이 세상 어디에도 이러한 자동 아카이브는 없었다. 심지어 '좋아요'와 댓글, 온라인 친구들만 추적해도 이용자의 성향을 웬만큼 알아낼 수 있다. 하물며 스스로 올린 사진과 글에는 그 개인의 정체와 틀이 고스란히 묻어 있을 수밖에 없다. 이것이 프라이버시를 구성하는 진짜 개인성이다.

이런 행위를 하지 않으려면 소셜 네트워크 서비스에 들어가지 않아야 한다는 데 딜레마가 있다. 스스로 자신을 드러내고, 드러낸 자신의 비트들이 거꾸로 자신을 구성하는 공간에서 사적 공간은 의미가 없다. 아무리 사적인 감정과 정서를 독백 조로 읊더라도 이 공간에서 그것은 공적인 비트로 변형되어 운반되고 복제되고 확대된다. 사적인 것이 공적인 것으로 옮겨 가고, 둘 사이의 간격이 아주 좁아지는 특성을 오해하면 폐륜이 벌어질지도 모른다. 페이스북이나 트위터에는 안과 바깥, 사적 공간과 공적 공간, 공유와 독점, 참여와 배제, 친구와 소외 등 모순적인 요소들이 동전의 양면처럼 붙어 있다. 친구들과 재미있게 이야기하거나, 글을 올리거나, 자료를 교환하다가도 문득 이것이 빼도 박도 못할 다가올 시대의 거대 '사회 체계(social network system)'가 될 것이라는 데 생각이 미치면 사실 좀 무섭다. 좀 과장하자면 페이스북 담벼락이 '나'를 비트로 바꾸어 빨아들이는 디지털 빨대처럼 느껴진다. 새로운 소셜 네트워크 체제가 우리를 네트워크로 옭아매어 모든 활동을 비트 지향적으로 만들면 매트릭스처럼 현실과 사이버 세계가 전도될지도 모른다.[9]

다시 강조하지만, 구글과 페이스북이 제공하는 개별화된 정체성은 당신이 아니다. 그렇게 밖으로 투명하게 드러나는 당신은 이미 당신이 아니다. 자기 관리와 연기로 만들어진 자아는 페이스북의 프로파일링에나 적합하다. 그것은 '아이(I)'와 '미(me)'를 구분하지 못하고, 아침의 나와 저녁의 나를 알아보지 못하며, 아버지인 나와 자식인 나를 통합하지 못한다. 우리가 이런 개별화에 매몰될 때, 그때가 인간의 얼굴이 세상에서 사라지는 종말의 시대일 것이다.

"인간은 최근의 시대에 발견된 형상이다. 그리고 아마 종말에 가까운 발

---

9   백욱인, 〈프라이버시와 전자감시〉, 《정보사회의 이해》, 미래인, 2011, 232~233쪽.

견물일 것이다. 만약 그 배치가 출현했듯이 사라지기에 이른다면, 18세기의 전환점에서 고전주의적 사유의 밑바탕이 그랬듯이 만약 우리가 기껏해야 가능하다고만 예감할 수 있을 뿐이고 지금으로서는 형태가 무엇일지라도 무엇을 약속하는지도 알지 못하는 어떤 사건에 의해 그 배치가 뒤흔들리게 된다면, 장담할 수 있건대 인간은 바닷가 모래톱에 그려 놓은 얼굴처럼 사라질지 모른다."[10]

---

10 미셸 푸코, 이규현 옮김,《말과 사물》, 민음사, 2012, 526쪽.

3부

인터넷
지배장치

1966년 온 카와라의 스튜디오

엘리엇, 물질의 기억과 디지털 저장

"4월은 가장 잔인한 달(April is the cruelest month, breeding)

죽은 땅에서 라일락을 키워 내고(Lilacs out of the dead land, mixing)

기억과 욕정을 뒤섞고(Memory and desire, stirring)

봄비를 내려 잠든 뿌리를 뒤집어 휘젓는다.(Dull roots with spring rain.)"[1]

---

1 T. S. Eliot, 〈The Waste Land〉, 《The complete poems and plays of TS Eliot》, Faber and Faber, 1978, p. 61.

기억과 죽음

우리는 기억을 욕정과 뒤섞을 수 있는가? 인터넷에 축적된 모든 기억은 욕정이 없다. 그것은 죽은 삶들의 축적물이다. 인터넷의 빅데이터에 아무리 많은 기억이 저장되더라도 그것은 '불의 혀'로 다시 나타날 수 없다. "죽은 자가 살았을 때 하지 못한 말을 / 죽어서는 말해 줄 수 있나니 / 죽은 자의 발언은 산 자의 언어 너머 / 불의 혀로 나타난다."★ '의미가 되살려진 과거 경험은 / 단지 한 사람의 경험이 아니라 / 많은 세대의 경험이며─잊을 수 없는 / 아마 말로는 표현할 수 없는 어떤 것'★★이기 때문이다.

살아 있는 기억은 우리를 과거, 현재, 미래로 이어지는 선형적 시간에서 해방시킨다. 그러나 인터넷은 그런 창조적 기억의 가능성을 빼앗아 갔다. 기억은 내면의 무한한 가능성을 주고 나와 역사의 새로움을 발견하는 놀라운 힘을 보여 준다. 그러나 디지털 기억은 그런 힘을 우리에게 주지 못한다. 기억은 과거의 이미지를 모아 놓은 창고에 존재하는 게 아니므로 우리에게는 과거의 경험을 새롭게 해석하고 고치고 의미를 부여하는 기억의 현상학이 필요하다. 경험과 의미를 연결하지 못하면 기억도 현재도 역사도 없다. 디지털 저장고에는 '순수 기억'이 보관될, 살아 움직이고 도약하는 몸이 없다. 인터넷의 군주들은 그 기억의 조건과 기억 주체의 인구학적 변인을 상관관계로 연결하는 빅데이터=인터넷 사전, 빅데이터의 사업적 활용에만 관심이 있을 뿐이다. 그런 틀로는 기억의 의미를 잡아내지 못한다. 과

★ "And what the dead had no speech for, when living, They can tell you, being dead: the communication Of the dead is tongued with fire beyond the language of the living." (T. S. Eliot, 〈Four Quartets〉, 앞의 책, 192쪽.)

★★ "That the past experience revived in the meaning Is not the experience of life only But of many generations ─ not forgetting Something that is probably quite ineffable." (T. S. Eliot, 〈Four Quartets〉, 앞의 책, 187쪽.)

거의 경험이 새로운 의미와 만나지 못할 때 당신들은 디지털 기억의 노예가 된다. 나는 인터넷을 헤매는 후손들이 '성숙한 회상'과 기억을 복원하고 기억을 통해 구원받기를 원한다.

20세기 초반에 런던 거리를 헤매던 프루프록*은 이제 100여 년이 지나 인터넷 사이트 사이를 헤집고 다닌다. 거리를 걸어 다니던 산책자는 인터넷 사이트와 페이스북과 트위터를 떠다니는 이용자가 되어 나타난다. 내가 거리에서 얻던 기억은 이제 인터넷 서핑의 기억으로 바뀐다. 우리는 걸어 다니는 행위와 떠다니는 행위의 차이를 알아차려야 한다. 19세기 말의 보들레르와 20세기의 베냐민과 나는 파리와 베를린과 런던의 거리를 걸어 다녔지만, 디지털 시대의 사람들은 디지털 공간을 유령처럼 둥둥 떠다닌다. 당신들은 유령처럼 다리가 없다. 다리가 없는 사람들은 거리를 몸으로 걷지 못한다. 사람들 몸에 새겨졌던 기억들은 그렇게 하나둘씩 사라지고 있다. 디지털 시대의 유령은 빅데이터의 기억으로 온갖 형상을 한 채 나타나 당신들을 지배한다.

우리는 전근대와 근대와 탈근대의 기억이 이루는 3층 구조가 얽히는 시대를 살고 있다. 살구꽃 씨에서 당신들의 시인이 찾던, 그리고 동시에 잊고 싶던 전통=미시마 유키오, 43쪽은 내 역사의식과도 통한다. "내 시작에 내 끝이 있다. 내 끝에 내 시작이 있다."** 그런데 구글=인터넷 사전, 구글은 빅데이터의 디지털 기억으로 마지막 새 생명을 탄생하게 할 수 있을까? 역사와 기

★ 프루프록은 엘리엇의 시 〈J. 알프레드 프루프록의 연가〉에 등장하는 인물이다. 그는 허무와 고뇌를 안은 채 거리를 방황한다.(T. S. Eliot, 〈The Love Song of J. Alfred Prufrock〉, 앞의 책, 11~34쪽.)
★★ "Time present and time past Are both perhaps present in time future, And time future contained in time past. If all time is eternally present All time is unredeemable." (T. S. Eliot, 〈Four Quartets〉, 앞의 책, 171쪽.)

억을 혼동하고 사실과 바람을 뒤섞어 엉망진창이 된 빅데이터의 기억 창고에서 그들은 새 생명을 건져 낼 수 있을까? 죽은 기억이 다시 산 생명이 될 수 있을까? 기억의 용도*에 대해 다시 생각해 볼 때가 되었다.

기억은 죽음과 만나면서 살아난다. 특히 매장은 죽은 생명과 마지막으로 이별하는 의식이다. 맥박이 멎고 숨이 끊어지고 몸이 식고 정신이 사라지면, 물질과 정신으로 이루어진 인간은 이 세상에 작별을 고한다. 인간은 몸이라는 물질에 기대어 사는 존재이기에 육신이 소멸하면 정신도 사라진다. 그런데 인간은 사라져도 그의 흔적과 자취는 도처에 남는다. 죽은 자가 남긴 흔적은 살아남은 자의 기억과 되새김을 낳는다. 그가 남긴 흔적의 반은 사람들의 기억 속에 담기고, 나머지 반은 장소와 물질 속에 새겨진다. 그러나 흔적이 새겨진 물질도 시간이 지나면 결국 이 세상에서 사라진다. 한 시대를 살던 사람과 그에 대한 기억은 그것이 만들어진 사건의 장소와 그것이 묻어 있던 물질이 사라지면 철저히 비존재가 된다.

갑자기 내 장사를 지내고 싶어졌다. 부활은 자기 맘대로 되는 게 아닌데 감히 장사를 바라다니. 인생에서 버리고 싶은 기억만 골라내 버릴 수는 없다. 삶은 분리 처리가 안 된다. 세상은 인생을 분리수거해 처리하지 않는다. 죽음이란 한꺼번에 삶의 모든 기억을 가져가 버린다. 나는 죽어서 천당이나 지옥으로 가는 게 아니라 내 친구들의 기억 속으로 들어간다. 그들의 기억 속에서 혹은 천국으로, 혹은 지옥으로 남아 있겠지. 지금 들리는

★ "기억의 용도는 무엇일까? 현재의 고단함과 무료함에서 벗어나게 해 일시적인 위로를 제공하는 사탕일까? 아니면 기억은 당신을 시간으로부터 해방시키는 혁명의 도구인가?" 당신들은 '과거뿐만 아니라 미래로부터 해방'되어야 한다. 이것이 기억의 해방적인 기능이고 그것이 우리에게 건네 주는 축복이다. "This is the use of memory: / For liberation? not less of love but expanding / Of love beyond desire, and so liberation / From the future as well as the past." (T. S. Eliot, 〈Four Quartets〉, 앞의 책, 195쪽.)

저 레퀴엠은 죽음과 삶과 기억과 사랑에 대한 이야기다. 지금 여기의 존재가 비존재가 될 때, 그래서 어떤 시공간과 생명체의 기억에서조차 사라질 때 존재는 모조리 공(空)으로 돌아간다.

기억이 없는 공간, 사이버스페이스

보들레르가 헤매던 파리 골목, 베냐민이 걷던 베를린 거리, 내가 서성거리던 런던 거리는 21세기에 들어와 '페이스북'과 '구글'의 사이버스페이스로 바뀌었다. 보들레르의 파리 뒷골목, 베냐민의 베를린 거리. 이런 소비자본주의의 거리와 그곳에서 만들어지던 대중의 흐름이 21세기에는 SNS 공간이나 가상 게임 공간으로 대체되었다. 인터넷은 거리의 풍광과 산책자의 모습을 바꾼다. 인터페이스가 만드는 사이버스페이스의 거리에서 사람들은 스스로 자신을 드러내고 감정을 전달하고 바이러스에 감염되면서 온갖 디지털 똥을 싼다.

기억은 시간이 만든 산물이라고 흔히 생각하지만 기억은 시간이 아니라 장소에 기생한다. 시간이 흘러간다는 선입관 때문에 기억을 시간의 산물로 생각하지만, 우리의 모든 기억은 공간 속 어떤 장소에 깃들어 있다. 그 장소에 함께 있던 사물과 다른 존재와 나의 겹침과 공유 안에서 나는 그것들에 자취를 남기고 그들 또한 내게 흔적을 낸다. 우리는 서로 지향과 표현을 교차하면서 상대에게 기억을 심어 준다. 그 장소에 '더는 있지 않음'이 흔적과 기억으로 양분되어 다시 만날 어떤 날을 기약했다가, 뜬금없이 불쑥 어떤 장소에서 다시 소생한다. 몇 년 세월이 흐른 뒤 달라진 그 장소와 조우할 때 우리의 기억은 봄비로 흥건히 젖은 라일락 뿌리처럼 다시 살아난다. 그것은 아프지만 가슴 두근거리는 물질과 기억의 재회다. 그래서 기억이 얼핏 시간의 짝으로 보이지만, 사실 기억의 동반자는 장소다.

그러나 인터넷에는 이런 기억이 거주할 장소가 없다. 빅데이터가 보관되는 서버는 기억의 거주처가 아니다. 이용자들의 기억은 이미 몸에서 분리되어 장소를 잃은 번지 없는 저장고에 축적된다. 그것은 나중에 호출될 수 있으나 장소와 결합되지 못한 채 경험을 의미로 만들지 못한다. 그래서 디지털 세상은 기억의 탈역사화를 가져온다.

사이버스페이스에는 물질의 중력과 질량이 없다. 그곳에는 피와 살로 된 몸이 거주하지 않는다. 사이버스페이스에는 아무도 살지 않는다. 디지털 공간에는 숫자와 기호들만 떠돈다. 그곳은 중력도 아닌 것이 중력을 말하고, 질량도 아닌 것이 질량을 말하고, 숨도 땀도 없는 것이 섹스를 말하는 기호들의 공간이다. 이 공간에 기억은 존재하지 않는다. 기억이 없으니 사랑과 아픔도 없다. '살아 있는 기억'은 산 노동처럼 항상 현재다. 흔적이 된 기억을 지금의 삶과 연결하는 살아 있는 재생의 힘이 곧 생명이다. 디지털 공간에는 이런 힘이 기호의 상징만으로 지탱된다. 글과 이미지로 짜인 디지털 텍스트는 축적되고 사용되고 재생되고 복제되었다가 사라지기 때문에 사이버스페이스에서는 '기억 없는 사랑'도 이루어질 수 있는 것처럼 보인다. 그러나 디지털 흔적에는 물질이 낸 상처 자국이 없다. 언제나 0과 1의 배열과 기호들을 재조합하는 무한 변형의 금속 디스크는 터미네이터처럼 형체를 바꿔 가며 무한 재생된다. 이 금속성 매끈함이 기호의 흔적을 저장하지만 물질 없는 기억이다. 그것은 엄청난 데이터의 집합체이지만 물질의 기억을 보관하지 못하는 반쪽짜리 저장고다.

나는 인간의 기억이 갖는 의미를 인터넷 빅데이터가 심각하게 훼손하고 있음을 느낀다. 인간은 최종적으로 기억일지도 모르는데, 기억이 몸 바깥으로 빠져나가면 인간이 기억의 장소를 찾아가도 기억을 회복할 수 없게 된다. 이제 사람들에게 장소와 기억은 분리되고, 사람들은 경험을 한 삶의 장소를 찾아도 그것과 기억을 서로 만나게 할 수 없다. 그들은 인터넷을 검색하거나 가상현실로 그 장소의 정보를 찾을 뿐이다. 그런 행위는 몸속의 기억을 살릴 수 없다. 이와 마찬가지로 빅데이터 서버에 저장된 디지털 기억도 돌아갈 장소를 모른다. 디지털 기억은 기억의 장소로 운반할 몸을 갖고 있지 않아서 기억의 의미를 만들지 못한다. 그것이 개체의 기억들을 조합해 이윤을 만들기는 하지만 개체의 기억을 의미화하지는 못한다. 나는 무엇보다도 기억의 사라짐이 아쉬웠다.

프로그램 기계＝인터넷 사전, 알고리즘의 기억은 물질의 흔적과 만날 수 없다. 내 옷에 묻어 있던 살갗 내음처럼 빨아도 남아 있는 몸 기억의 거처와 디지털 비트 기억이 존재하는 공간은 전혀 다르다. 물질을 갖고 있지 못한 정보의 거처는 안전하지만 불완전하다. 그곳에는 기억이 아니라 기호로 만들어진 디지털 숫자의 통계적 정보만 저장되기 때문이다. 이와 달리 물질은 기억 주체의 흔적을 보존한다. 물질과 기억 주체가 나눈 체험은 양쪽에 나뉘어 보존된다. 그래서 내가 삶을 함께한 흔적을 간직한 물질과 만나면 마치 헤어졌던 반쪽을 만난 것처럼 냄새와 색깔과 모양이 온전하게 되살아난다. 디지털 정보가 허망한 것은 내 기억을 맞춰 볼 나머지 반쪽이 없기 때문이다. 그것은 내 기억을 비트 정보로 바꿔 송두리째 저장할 수 있지만 내 기억의 흔적이 묻어 있는 물질을 보관할 수 없다. 그래서 사이버스페이스에 데이터와 정보는 있지만 기억은 없다. 장소와 물질이 없는 그 공간에 기억은 거주할 수 없다.

데이터베이스, 정보로 만든 공동묘지

디지털 저장물은 존재를 데이터와 교환해 사이버스페이스의 흔적 없는 매끈한 '공허'로 되돌린다. 프로그램 기계로 이루어진 사이버 저장고는 기억을 숙성시키지 못한다. 디지털 숫자는 변하거나 썩지 않는다. 디지털 저장고는 사물의 정보를 변치 않게 간직하지만 그것을 기억으로 발효시키지 못한다. 기억이 정보로 환원되면 더는 숙성하지 못한다. 숙성되지 못한 기억은 시간과 장소의 맛을 만들어 내지 못한다. 물질에 스며들지 못한 기억은 새것과 옛것을 구분할 수 없는 단순 데이터에 불과하다. 그런 데이터베이스를 바탕으로 재현되는 시뮬레이션과 시뮬라크르는 몸이 없는 기억이기에 유령이고 이미지고 관념에 불과하다.

인터넷 세상에서는 내 감각기관이 컴퓨터 인터페이스에 적응해 육체의 살과 피를 데이터 배열과 맞바꾸고, 내 대뇌피질 주름 속 기억이 거대한 컴퓨터 네트워크의 서버 속으로 편입된다. 내 확장 장치는 내 몸 속이 아니라 내 몸의 바깥에 존재한다. 육체를 떠난 기억과 체험과 의지는 이제 내 몸 속이 아니라 내 몸 바깥에 존재하게 된다. 인터넷 세상에서는 데카르트(René Descartes)의 "나는 생각한다. 고로 존재한다."가 "사이버스페이스는 사고한다. 고로 나는 존재한다."로 정정되어야 한다. 기억과 판단의 상당 부분이 대뇌피질의 활동에서 서버의 하드디스크로 옮겨질 때 내 기억의 총량과 기억 활용 능력은 현저하게 쇠퇴한다.

"모든 전승이 단절된 곳에서는 상상의 자유로운 유희나 억압된 것의 귀환이 허용되는 유령의 장소들이 생긴다."[2] 사이버스페이스는 흔적을 통한 전승이 단절된 공간이다. 그곳에는 장소와 기억을 이어 주는 끈이 없다. 인터넷 세상에서는 장소가 기억을 되살리고 기억이 장소를 되살리는 시간과 공간의 상호작용이 이루어지지 않는다. 그곳은 역사와 기억이 존재하지 않는 정보의 공동묘지다. 그곳에는 데이터로 재생되고 재현되는 유

---

2 알리이다 아스만, 변학수·채연숙 옮김, 《기억의 공간》, 그린비, 2011, 24쪽.

령만 존재한다. 몸과 결합된 체험의 기억도, 역사로 전승된 공동체의 기억도 모두 다 비트 저장물로 환원된다. 그곳에는 현실 생성과 '약동하는 삶'에서 나오는 생생하게 살아 있는 기억이 존재하지 않는다. 사이버스페이스에는 물질로 만들어진 장소가 없어서 육체가 거할 수 없기 때문이다. 기억이 길을 잃어버리면 기억은 거처할 집이 없는 거지가 된다. 집 없는 떠돌이 거지. 기억은 골목에서 수거되어 빅데이터 쓰레기로 집결된다. 집을 잃은 기억들의 무덤, 그것이 우리 시대의 데이터베이스다.

기억과 역사

오래되지 않은 체험을 기억이라고 부르기에는 뭔가 모자란다. 어제의 경험을 기억이라 부르기에는 시간적으로 너무 가깝다. 오래되어 켜켜이 먼지가 쌓이고 꼭꼭 숨어 있을수록 기억답다. 심리학자들은 기억을 사실 기억과 에피소드 기억으로 나눈다. 사실 기억은 단어의 의미, 사람 이름, 도구의 명칭 등 사실과 관련된 기억이다. 에피소드 기억은 특별한 체험과 사건에 대한 기억이다. 에피소드 기억은 시간과 장소에 의존하지만, 사실 기억은 시간이나 장소와 무관하다. 사실 기억은 시간이 지나도 달라지지 않지만, 에피소드 기억은 매일매일 숙성한다. 해마에 저장되던 에피소드 기억은 2년 정도 숙성하다가 영구 보존을 위해 대뇌피질로 옮겨진다고 한다. 숙성을 마치고 영구 저장된 기억은 증류되어 참나무통에 저장된 위스키처럼 천천히 맛과 색깔을 낸다. 우리는 의지와 의식만으로 그런 기억을 불러 낼 수 없다. 기억이 활성화되어 새롭게 살아날 날을 기다려야 한다. 오래된 기억은 이렇게 안으로 접히면서 더욱 깊은 곳으로 내려간다. 마치 깊은 지층에 묻힌 유물처럼, 우리가 발굴하지 않으면 평생 다시 햇빛을 보지 못한다.

우리의 오감은 바깥의 사물을 안으로 들여 놓는 통로다. 감각적인 자극은 특정한 정황이나 맥락과 함께 기억으로 저장된다. 저장된 기억은 의미와 맥락 속에서 어떤 자리를 되찾게 될 때 다시 살아난다. 단순히 저장된 기억과 달리 끄집어내어 진 기억은 의식의 지향성을 통해 의미를 구성한다. 원초적인 기억은 대뇌피질 어느 구석에 저장되어 있다가 어떤 계기를 맞으면 스스로 접힌 주름을 풀면서 순식간에 생명을 갖고 부활한다. 재생된 기억은 의미화된 기억이고 부활한 기억이다. 기억은 그것을 푸는 열쇠가 없으면 일상생활에서 되살아나지 않는다. 기억의 현상학은 압축된 기억을 풀어 헤쳐 그 접힌 주름들이 스스로 이야기하며 뛰놀도록 만들어 '그때, 그곳'에서 지나간 시간이 '지금, 여기'에서 되살아나는 부활과 생명의 경지를 만드는 것이다. 꽁꽁 언 기억의 대지를 파헤쳐 의미 있는 체험으로 녹여내는 작업이 기억의 현상학이다. 기억의 접힌 공간은 촘촘하고 아주 작게 응축되어 있다. 오래된 기억은 안으로 접힌 채 대뇌피질 속 어느 구석에 꼭꼭 숨어 있다. 꼬깃꼬깃 구겨진 기억을 다려 펼 때 그것은 추억, 상념, 회상으로 현전한다. 압축된 기억이 풀리면서 그것은 내 몸의 감각기관을 다시 자극한다. 냄새와 형체와 되살아나고 소리가 다시 들리면서 기억은 물질로 환생한다.

　한 사람이 가면 한 시대도 가는 경우가 있다. 그 시대와 사람의 삶이 깊게 얽혀 있어 그 사람 없이는 시대가 있을 수 없기 때문이다. 인터넷 세상의 사람들은 쉽게 변하지 않는다. 그냥 이대로 삶을 시대와 분리하고, 시대를 조롱하면서 세월이 간다. 사람과 시대가 겉도는 오늘, 기억마저 사라지면 우리에게 시대는 없다. 모든 것이 지나치게 많다. 먹는 것도 보는 것도 좋아하는 것도 싫어하는 것도 모두 과잉이다. 우리에게는 기억과 사유만 모자란다. 정보의 잉여로 얻은 것이 사유의 결핍이라면 이제부터는 좀 굶자. 겨울 바닷가 덕장의 황태처럼 세로로 널려 바짝 조여지고 말라비틀어지자. 꽁꽁 언 광야에서 정보의 풍요가 빼앗아 간 절박함을 되찾고, 결핍의 계절에서 다시 싹틀 진정함을 예비하자. 이제 기억을 찾아 나설 때가 되었다. 저 깊은 역사의 우물에서 기억을 길어 오늘의 타는 목마름과 증오에 시원한 물을 주자. 그래서 기억이 역사로 이어지고, 역사가 다시 역사로 있게 하자.

발터 베냐민의 여권 사진, 1928년

베냐민의 〈사진의 작은 역사〉, 그 이후

　인터넷 세상의 반 이상은 사진 이미지다. 베냐민은 1931년에 〈사진의 작은 역사(Kleine Geschichte der Photographie)〉를 통해 19세기의 초창기 사진부터 당대에 이르는 90여 년간 사진의 역사에 대해 아주 우아한 글을 남겼다. 그의 글은 분석인가 하면 해석이고, 비평인가 하면 논문이다. 그는 초창기 사진이 갖고 있던 '오라(Aura)'의 상실을 애도했다. '지금, 여기'의 역사성과 반복 불능성이 있는 예술품은 그것이 비록 닳더라도 그 '일회적'인 현존성 때문에 오라가 있다. 그런데 인터넷 세상은 '디지털'이다. 디지털은 물질이 갖고 있던 권위와 사물의 무게를 여지없이 무너뜨린다. 오라를 가볍게 날려 버린 디지털 비트는 인간을 찌르는 '푼크툼(punctum)'의 뾰족한 집중력과 무게가 없다. 디지털 복제 세상에서는 존재의 상실과 부재에서 비롯한 슬픔과 아픔도 없다. 디지털 인생은 오락과 즐거움이거나 비난과 욕설이다. 부재를 디지털로 다시 불러낼 수 있지만, 그것은 오라가 없는 '물질이 아닌 것'이며, 푼크툼을 상실한 '존재가 아닌 것'일 뿐이다. 비트로 만들어진 디지털 사진 이미지에는 기호로서 '스투디움(studium)'이 있을 뿐, 감정을 불러일으키는 푼크툼은 없다. 아쉽게도 베냐민의 〈사진의 작은 역사〉에 비길 만한 '1932년 이후 사진의 역사'를 다룬 글을 찾아보기 힘들어서 여기에 베냐민을 초청해 〈사진의 작은 역사〉 이후 인터넷 세상까지 이어지는 80여 년간 사진의 역사를 더듬어 본다.

오라에서 푼크툼을 거쳐 시뮬라크르로

사진의 역사는 사라짐의 역사다. 복제 사진은 초창기 원판 사진의 '오라'를 사라지게 했고, 디지털 사진은 '푼크툼'을 사라지게 했다. 그리고 지금은 '시뮬라크르'가 실재와 원본까지 사라지게 하고 있다. 그래서 사진의 역사는 오라에서 출발해 푼크툼을 거쳐 시뮬라크르에서 끝난다. 20세기 초반에 대상을 감싸고 있던 '껍질'(물질)이 화학 신호를 거쳐 전기 신호로 바뀌면서 실재를 감싸고 있던 고유한 기운과 광채가 서서히 사라졌다. 21세기 디지털의 세계에서는 오라뿐만 아니라 푼크툼도 사라진다. 물질이 기호로 바뀌고 세상이 사라지고, 사람과 기억이 숫자로 환원되면 부재의 슬픔에 찔리는 아픔도 없어진다. 원본 없이 태어난 복제물인 시뮬라크르가 실제 현실은 물론이고 실제의 반영물까지 지배하면서 현실보다 더 현실적인 것이 된다. 내가 〈사진의 작은 역사〉를 쓰던 1930년대 초반에 이미 사진의 오라는 무너지기 시작했다. 그러나 어떤 현상의 깊은 의미는 세월이 한참 지나서야 비로소 드러난다. 당시 나는 오라의 상실을 말하면서도 오라가 사라지는 사회적 정황을 완전히 파악하지 못했다.

바르트(Roland Barthes)의 사진론을 기점으로 사진을 설명하는 핵심 개념은 내가 제시한 오라에서 푼크툼으로 이동했다. 이상하게도 바르트는 구조주의자답지 않게 구조가 아닌 주체와 의식의 사진 현상학을 펼쳐 나갔다. 어머니의 죽음이 그가 사진에서 부재를 보게 했나 보다. 사진의 푼크툼은 나를 찌르며 기호가 아닌 사물 자체로 환생한다는 점에서 내가 말한 오라와 비슷하다. 바르트가 《카메라 루시다(Camera Lucida)》[1]를 쓴 1980년대는 사진 역사의 정점이었다. 1990년대 이후 디지털 카메라와 컴퓨터

1 　롤랑 바르트, 조광희 옮김, 《카메라 루시다》, 열화당, 1998.

가 결합하면서 사진의 무게중심이 보드리야르(Jean Baudrillard)가 말하는 시뮬라크르[2]로 또 한 번 혁명적 이동을 시작했다. 이제 일회성의 유일무이함에서 느끼던 '가까이 있지만 먼 곳'의 기운도 만질 수 없고, 나를 아프게 찔러 대는 재현물의 신비로운 힘도 느낄 수 없게 되었다. 사람들은 모사 대상 없이 만들어진 시뮬라크르의 존재 앞에서 희희낙락하지만 무기력하게 무너진다. 비평과 현상학도 기술과 기계가 극단으로 밀어붙인 대상 없는 재현 앞에서 맥없이 사라져 버렸다.

셔터와 사진의 시간

셔터는 세상과 찍는 사람 사이에 놓인 시간과 공간을 단절한다. 피사체와 사진사 사이에 있는 존재의 거리와 카메라가 포착하는 시간은 일치할 수 없다. 그 찍힘의 시간과 거리는 일회적인 사물과 사건이 유일무이하게 포착되는 시공간이다. 셔터의 '찰칵'은 피사체가 포착되면서 대상이 얼어 버릴 때 나는 소리다. 19세기 초기 사진의 장시간 노출은 의도적인 기법이 아니라 당시 사진 기술이 처한 조건의 산물이다. 렌즈 성능과 셔터 속도, 빛을 받아 상을 고착하는 감광지의 화학적 성능이 복합적으로 작용했다. 긴 노출 시간은 "모델들로 하여금 순간에서 벗어나는 것이 아니라 순간 속으로 걸어 들어가도록 만들었다."[3] 그러나 그 뒤 짧은 시간에 셔터를 누를 수 있게 되어 스냅 촬영으로 '순간 포착'이 가능해졌다. 짧은 순간을 포착하는 카메라의 기술 향상은 브레송(Henri Cartier Bresson)이 '결정적 순간'을 담을 수 있게 해 주었다.

---

2 장 보드리야르, 하태환 옮김, 《시뮬라시옹》, 민음사, 2001.
3 발터 베냐민, 최성만 옮김, 《기술복제 시대의 예술작품/사진의 작은 역사》, 길, 2007, 171쪽.

그런데 디지털 카메라에는 셔터가 없다. 셔터가 없는 카메라로 사진을 찍으면 피사체는 사진 안으로 들어오지 않는다. 피사체는 자신의 투영과 재현을 허락하지 않는다. 피사체의 이미지를 내장 프로그램이 재구성해 만들 뿐이다. 21세기 디지털 카메라 앞에서 피사체는 순간 속으로 들어가는 게 아니라 지속적으로 순간과 시간 바깥으로 빠져나간다. 피사체가 더는 정물로 있지 않는다. 그들은 시시때때로 화각 바깥으로 빠져나가고, 스스로 자신들을 찍고, 이미지의 이미지의 이미지를 만들어 낸다. 재현의 재현의 재현이 이루어지고, 매개의 매개와 재매개가 반복되는 디지털 세상에는 이제 오라도 없고 푼크툼도 없다. 사진과 재현의 종말이 다가왔다.

보드리야르의 사라짐에 대하여

재현의 종말은 언제 오는가? 첫째, 재현의 주체가 더는 사람이 아닐 때 재현의 종말이 찾아온다. 인터넷 세상의 이미지에 대해 뛰어난 통찰력을 보여 준 보드리야르가 이렇게 말했다. "이 세상은 완벽하게 객관적이다. 이제 세상을 바라볼 사람이 아무도 남아 있지 않기 때문이다. 두 번째, 재현할 현실이 더는 남아 있지 않을 때, 곧 세상이 사라졌을 때, 혹은 반대로 모든 것의 재현이 모든 곳에 흘러넘칠 때, 또는 현실이 실시간으로 재현될 때 재현의 종말이 온다. 순수하게 기능적이 되어서 세상이 더는 우리의 재현을 필요로 하지 않는다. 게다가 가능한 재현도 더는 없다."[4]

디지털 재현 기술이 끝까지 가면 재현을 위한 세상과 재현을 실행하는 인간이 더는 필요하지 않게 된다. 재현은 이제 현실 세상으로부터 나오지 않고 인간의 눈과 손을 거치지도 않는다. 재현 기계가 스스로 현실 세상과

---

4 장 보드리야르, 하태환 옮김, 《사라짐에 대하여》, 민음사, 2012, 19쪽.

인간을 뛰어넘어 재현물을 만든다. 재현 기계는 현실에 없는 사물도 만들어서 재현한다. "인류는 기술을 이용하여 진화를 인위적으로 실행하기 때문에 다른 동물보다 빨리 사라질 것이다. (중략) 인간은 자신도 모르게 현실과 역사로부터 떨어져 나오게 될 것이고, 진실과 허위의 모든 구분이 사라지게 될 것이다."[5]

이 디지털 재현 기계는 모든 사물을 찍고, 나누고, 퍼뜨린다. 프로그램화된 자동기계에게는 우연이 없고 사라짐도 없다. 그래서 부재에서 나오는 찌름과 아픔, 대책 없이 몰려오는 푼크툼이 없다. 단지 모든 재현물이 머리로 기획 제작될 뿐이다. 스마트폰, 앱, 프로파간다와 정치 상품에 이르기까지 뇌에서 빠져나간 생각과 집단의 이해관계, 욕망과 욕심이 프로그램 플랫폼에서 통합된다. 수치화되어 조작과 변형을 기다리는 재현의 원료들을 데이터베이스라고 부르든 루소(Jean Jacques Rousseau)를 끌어와 '일반의지'[6]라고 이름 붙이든, 이 재현의 원료들은 이제 세상과 인간 개체를 반영하지 않는다. 세상과 인간으로부터 떨어져 나온 데이터들이 미리 결정된 프로그램에 따라 조작되고 분배된다. 그들이 세상 없이, 인간도 없이 새로운 재현을 만든다. 모상 없는 사진이 만들어지고, 현실 없는 가상이 들어서고, 역사 없는 인간으로 길든다. 시간 바깥으로 몰려나온 생각과 의지와 행동의 비트들이 무더기로 재현 기계를 통해 자동 제작된다. 이제 세상을 찍는 주체는 살아 있는 인간이 아니라 죽은 프로그램이다. 산 인간의 피를 에너지로 이용하는 죽은 프로그램 기계가 산 인간의 눈을 길들이고 생각을 지배한다.

---

5 앞의 책, 23~25쪽.
6 아즈마 히로키, 안천 옮김, 《일반의지 2.0》, 현실문화, 2012, 85쪽.

스타와 대중, 그리고 사진의 정치화

카메라는 점점 더 작아질 것이라는 내 예언은 들어맞았다. 카메라의 휴대
성이 커지면서 르포르타주와 다큐멘터리 사진이 기계적인 자동 연상 작
용에 힘입어 정치적 구실을 맡게 되었다. 이런 사진의 기능이 권력과 야합
하면 '정치의 사진화'가 벌어진다. 내 예상은 1930년대 나치의 대중 선동
술과 《라이프(Life)》지의 사진에서 확인되었다. 바르트는 오라 상실의 대가
를 주체의 정서 회복에서 찾았다. 그의 사진 현상학은 사진의 정서를 회복
하지만, 사진이 갖는 비판성을 잃는다. "보도사진은 흔히 단일 사진이다.
보도사진 영상에는 푼크툼이 없다. 그것은 소리칠 수 있으나 상처를 입힐
수 없다. 나는 세계에 대해 관심을 갖듯이 그것에 관심을 갖지만, 사랑하
지는 않는다."[7] 그는 개인의 정서를 후벼 파는 사진의 푼크툼을 사진의 정
치성보다 우위에 두었다.

사진을 비판적으로 보도록 하는 방법은 두 가지가 있다. 하나는 사진 내
부에서 균형을 파괴하는 다다의 몽타주다. 다른 하나는 사진과 글이 만나
는 미디어 혼성을 통해 충돌의 에너지를 만들어 내는 것이다. 나는 〈생산
자로서 작가(Der Autor als Produzent)〉라는 글에서 사진작가에게 사진에 글
을 붙이는 능력을 갖도록 요구했다. 사진의 정치성을 멋지게 뒤집어 우리
에게 '사진의 정치화'로 돌려준 사람은 브레히트다. 브레히트의 '사진시
(Fotoepigramm)'는 사진이라는 이미지와 시라는 텍스트를 만나게 해 충돌과
긴장 속에서 독자가 사진의 의미를 새롭게 생각하도록 한다. 브레히트의
《전쟁교본(Kriegsfibel)》[8]은 옛것(전통 에피그람 시 형식)과 새것(사진)이 하나가

---

7 롤랑 바르트, 앞의 책, 45쪽.
8 베르톨트 브레히트, 배수아 옮김, 《전쟁교본》, 눈빛, 2011.

된 작품이다. 그래서 지금 필요한 것은? 형식과 내용을 충돌시켜 새로운 인식을 만들어 내는 능력, 현실과 허구를 섞어 한쪽에 빠지지 않도록 만드는 지혜, 부재에 대한 아픈 각성을 통해 찌름을 만들어 내는 정서의 부활이다.

"진지함과 유희, 엄격함과 자유는 모든 예술 작품에서 서로 분리할 수 없게 착종되어 나타나며, 그 혼합의 정도만 다를 뿐이다."[9] 사진도 그렇다. 그런데 이들 간의 비율은 변화한다. 디지털 사진에서는 진지함보다는 유희가, 엄격함보다는 자유가 확대된다. 그래서 패러디가 활성화되고 원본을 변형하는 '사진의 정치화'가 쉽게 이루어진다. 이것이 디지털 사진이 우리에게 준 선물이다. 그러나 인간이 기계장치를 통해 재현되는 과정에서 인간의 자기소외는 극단화된다. 기계가 찍은 상은 몇 단계의 매개를 거쳐 대중 앞으로 옮겨진다. 영화에서는 스크린이, 인터넷 세상에서는 SNS가 매개 구실을 한다. 페이스북의 작은 프로필 사진인 소셜 그래프는 대중 앞에 옮겨진 얼굴(face) 연기자의 사진 집합체다. 영화의 시대인 1930년대에는 배우가 스타였지만 인터넷 시대인 2010년대에는 대중이 스스로 스타가 되기를 욕망한다. 영화의 시대에 인간은 누구나 화면에 나올 권리를 갖게 되었다. 인터넷 시대에는 모든 인간의 프로필이 이미지화되어 모니터와 스마트폰=매클루언, 175쪽 화면에 나올 권리를 갖게 되었다. "스타 숭배의 상보물인 관중에 대한 숭배는 그와 동시에 대중의 부패한 상태를 촉진한다."[10] 영화에서 스타와 관중이 서로를 숭배하면서 대중이 부패했다면, 인터넷 세상에서는 스스로 배우인 이용자들이 스스로 관중인 다른 이용자

---

9 발터 베냐민, 앞의 책, 57쪽.
10 앞의 책, 74쪽.

와 서로 숭배를 바꾸며('맞팔') 썩어 버린다. 조회 수와 '좋아요' 숫자와 팔로워 수와 댓글 수 등 양으로 환산된 가치는 인터넷 세상의 화폐처럼 교환할 수 있다. 계량화된 수치는 별 쓸모가 없지만 화폐처럼 교환의 척도가 된다. 조회 수로 통일되는 인정과 평판과 인기의 물화는 인터넷 이용자를 부패시킨다. 인터넷 세상에서 사람들은 혼수상태에 빠지거나 감각이 마비=매클루언, 182쪽 되어 있기 때문에 그들은 학문과 예술이 여전히 존재한다고 느낀다. 그러나 학문과 예술은 실신 지경이거나 사라져 버렸다.

이제 사진을 찍을 때가 아니라 오래전에 찍은 사진을 모을 때다. 인터넷 세상과 디지털 사진만으로는 역사를 재현할 수 없기 때문이다. 나는 수십 년 전 이동 사진관의 그림을 보다가 1960년대 이발소 그림을 떠올렸다. 이동 사진관의 배경은 전쟁터, 고궁, 갈수 없는 산 밑의 성, 동양과 서양, 현실과 환상이 얽혀 있다. 탈 수 없는 배나 비행기, 자동차, 호랑이, 모형과 무대의 가짜와 진짜 인간이 하나가 된다. 포즈가 포즈와 결합되면서 순간이 머문다. 사진의 시간성! 그것은 정지와 부재, 그리고 기억의 풀림과 의식의 연상에 따라 얻어지는 시선의 연결이다. 그런 무대를 배경으로 시간을 얼린 결과물이 스튜디오나 이동 사진관의 사진이다.

우리는 '과거로부터 희망의 불꽃을 점화'[11]할 수 있어야 한다. 우리는 과거의 역사적 재현물을 끌어모아 새로운 재현의 힘을 길러야 한다. 거짓 이미지에 대항하면서 울퉁불퉁한 물질로 구성된 아날로그 아카이브의 물성을 바탕으로 새롭게 재현의 근거를 마련해야 하지 않을까? '정치의 사진화'를 위한 조작이나 셀프 촬영의 오락만으로는 우리가 사는 세상을 온전하게 재현할 수 없다. 디지털 시대의 사진이 하나의 '점'(푼크툼)이 되어 다

---

11   발터 베냐민, 반성완 옮김, 〈역사철학테제〉, 《벤야민의 문예이론》, 민음사, 1999, 346쪽.

시 우리를 찌를 수 있도록 하려면 현실에서 사라져 가는 오래된 사진을 모아 다시 재현의 물질적 토대를 쌓아야 한다. 그런 기초 작업을 통해 사진 아카이브의 사회적 기반을 세우고, '사진의 정치화'를 가능하게 만드는 초석을 놓아야 한다. 그것만이 시뮬라크르의 공허한 재현에 맞설 무기를 제공할 수 있다.

재현을 버리고 실재를 복원해 현실에 집중하자. 그러려면 콧구멍 속에 성에가 끼고, 들이마신 공기가 허파를 냉각하고, 손바닥에 쇠가 쩍쩍 달라붙는 날 밤에 시퍼런 하늘을 올려다보라. 그러면 언다. 얼어 버린다. 얼면 맑고 깨끗해진다. 온몸이. 온 마음이.

조나 브루커, 캐서린 모리와키, 〈우산.net〉, 2004년

매클루언, 스마트폰의 이해

　1960년대에《미디어의 이해(Understanding Media)》를 출판하면서 인기의 절정을
달리다가 1980년 12월 31일에 사망한 매클루언(Herbert Marshall McLuhan)은 1993년
1월에 창간된 '기술 유토피아' 잡지《와이어드》의 수호성인으로 되살아났다. 그의
영향력은 뉴욕의 미디어 생태 학파를 통해 확산되었다.《미디어의 이해》1부에서
미디어에 관한 이론을 전개하고, 2부에서 개별 미디어를 장마다 하나씩 다루었다.
그가 아직 살아있다면, 33장에 자동화를 다루면서 끝난 이 책의 34장에 컴퓨터,
35장에 인터넷, 36장에 스마트폰을 추가하며 증보판을 냈을지도 모른다.

스마트폰과 19세기 방문 카드 증명사진

"모든 현대인이 스마트폰에 둘러싸여 있었다. 스마트폰과 스마트폰의 심리가 사람들에게 흘러넘쳤고, 이용자들은 부지불식간에 내면적으로 그것의 노예가 되어 버렸다. 마치 노예에 둘러싸인 로마인들처럼 현대인은 스마트폰을 손에 든 노예들에게 둘러싸여 있다. 언제나 스마트폰의 분위기 속에서 생활했기 때문에 현대인은 무의식적으로 스마트폰의 정신세계에 젖어 든 것이다. 이런 스마트폰의 영향으로부터 자신을 방어할 수 있는 사람은 아무도 없다."★

— 2015년판 《미디어의 이해》, 36장 스마트폰

사진의 역사에서 스마트폰=인터넷 사전, 스마트폰은 어떤 위치를 차지할까? 아이폰 화면은 19세기 중반에 생긴 '방문 카드'(명함) 사진과 거의 같은 크기다. 스마트폰의 액정 화면은 21세기형 명함 사진인 셈이다. 19세기 중반에 파리의 사진사 디스데리(Andre Adolphe Disderi)가 처음 만든 사진은 가로세로 2.5인치×4인치(54×89밀리) 크기였다. 지금 아이폰을 가지고 있다면, 여러분이 가진 명함을 그것과 겹쳐 놓아 보시라. 폭은 거의 같고, 조작 부위를 빼면 길이도 거의 비슷할 것이다. 아이폰5 화면의 대각선 길이는 4인치로 그 전 모델인 아이폰4의 3.5인치보다 늘어나, 조작 부위를 뺀 화면의 크기

★ 원문은 다음과 같다. "모든 로마인들은 노예에게 둘러싸여 있었다. 노예와 노예들의 심리가 고대 이탈리아에 흘러넘쳤고 로마인은, 물론 부지불식간이긴 하지만, 내면적으로 노예가 되어 버렸다. 언제나 노예들의 분위기 속에서 생활했기 때문에 무의식적으로 그들의 정신세계에 젖어 든 것이다. 이 같은 영향으로부터 자신을 방어할 수 있는 사람은 아무도 없다."—《분석심리학 논고(Contribution To Analytical Psychology)》(융, 1928.)를 《미디어의 이해》(마셜 매클루언, 김상호 옮김, 커뮤니케이션북스, 2011, 57쪽.)에서 재인용.

다게레오 방식으로 인화한 에밀리 디킨슨 사진(왼쪽 위), 암브로 방식으로 인화한
베넷 제라피스 사진(오른쪽 위), 방문 카드와 크기가 같은 주석 사진(왼쪽 가운데),
나폴레옹 3세의 콜라주를 인화한 방문 카드(중앙), 빅토리아 여왕 방문 카드(오른쪽 가운데),
종이에 인화한 소주르네 트루스의 방문 카드(왼쪽 아래), 신원미상의 방문 카드(가운데 아래)와
비율이 같은 아이폰5의 화면(오른쪽 아래)

가 방문 카드 사진 크기와 거의 같아졌다. 이것을 그냥 우연한 결정으로
볼 수 있을까? 애플은 왜 화면 크기를 19세기 명함 사진 크기와 같게 만들
었을까? 19세기부터 이어져 내려오는 초상 사진의 유전자가 21세기에 새
롭게 발현되기를 바랐을까? 스마트폰을 이용해 새로운 콘텐츠를 만들려

는 사람들은 바로 이 점에 주의를 기울여야 한다. 미디어는 메시지인데, 화면의 크기가 스마트폰의 내용을 규정하기 때문이다.

19세기 중반 사진의 초기 역사를 보면, 은판사진이라고도 하는 다게레오 방식이나 유리를 이용하는 암브로 방식은 깨지기 쉬운 재료 때문에 사진을 보호 틀에 넣어서 실내에 고이 보관했다. 그런데 양철이나 딱딱한 종이에 인화하기 시작한 명함 사진은 안정성과 휴대성이 뛰어났다. 사람들이 사진을 웃옷 주머니에 넣고 다니면서 쉽게 꺼내 볼 수 있었다. 명함 사진의 등장으로 사진은 개인의 사적 공간을 넘어 다른 사람과 교류하고 소통하는 매개체로 확장되었다. 그것은 우편으로 발송하기도 쉬웠고, 다게레오나 암브로 방식의 사진에 비해 값도 쌌다. 개인의 초상 사진 카드가 당대의 유행 상품으로 떠올랐고, 유명 인사의 사진이 수집용으로 대량 판매되기도 했다.

19세기 명함 사진과 오늘날 스마트폰 사이에는 크기뿐만 아니라 교환과 공유의 틀도 이어지고 있다. 사람들은 스마트폰으로 사진을 찍는 데 그치지 않고 인스타그램 같은 앱을 통해 사진을 네트워크로 공유한다. 그래서 스마트폰은 사실 네트워크로 연결된 병렬 사진기다. 스마트폰으로 자기 얼굴을 찍어 SNS에 올린 사진을 뜻하는 '셀피(selfie)'는 2013년에 옥스퍼드 사전에서 올해의 단어로 선정되기도 했다. 이용자가 전송한 사진은 SNS 사진 아카이브의 다른 사진들과 만나면서 매번 새로운 배열을 이룬다. 페이스북이나 트위터의 담벼락이나 타임라인에서 시간의 흐름에 따라 배치되기도 한다. 바로 이것이 스마트폰 사진술이 19세기 사진술과 질적으로 다른 부분이자 가장 혁신적인 지점이다. 사람들은 SNS에 사진을 저장하고 스스로의 필요에 따라 그것을 호출해 다양하게 배열하고 타인에게 전시한다. 촬영과 저장과 배열과 공유와 평가가 이음매 없이 이어지는 총 사진 집합체는 전에 없던 것이다. 사람들은 식당에서 음식을 주문한 뒤 먹지는 않고 스마트폰으로 음식 사진을 찍기에 바쁘다. 현장에 집중하기보다 그것을 보이고 자랑하고 남기고 싶어 하는 욕망이 더 크다. 음식보다 이미지를 더 맛있게 소비한다. 아이폰은 19세기에 전문 사진가가 찍던 초상 사진과 크기가 같지만 이는 작업 도구가 아니라 놀이 도구다. 식당에서 주문한 음식을 자랑하고 팔을 뻗어 찍은 '셀카' 사진으로 자기를 드러내는 데 쓰는 도구다. 물론 이때 인터넷이 꼭 필요하다.

스마트폰은 메시지다

'미디어가 메시지'라면 스마트폰은 어떤 메시지인가? 스마트폰의 내용은 인터넷이라는 미디어다. "모든 미디어는 짝을 이루는데, 하나가 다른 하나의 내용으로 작용하기 때문에 둘의 관계가 모호하게 된다."[1] 인터넷과 스마트폰의 관계도 그렇다. 인터넷의 내용은 이미지나 글, 그림, 음악, 영화다. 모든 옛 미디어의 내용이 인터넷이라는 새 미디어에서 통합되었다. 이제 다시 모든 미디어를 흡입한 통합 미디어인 인터넷의 내용이 스마트폰이라는 미디어 형식을 통해 전달된다. 이렇게 연쇄를 이어 가다 보면 스마트폰이 이 시대의 최종적 미디어 자리에 있음을 확인하게 된다. 이때 스마트폰이라는 새 미디어는 메시지가 된다.

스마트폰은 이용자들의 '심도 깊은 관여'를 이끌어 내고 인간이 결사를 위한 네트워크를 만드는 데 시간적·공간적 장애를 제거했다. 사람들이 스마트폰으로 여러 가지 내용을 나누고 이용했지만, 그들이 손에 쥔 스마트폰 자체가 미디어이자 메시지였다. 기계화의 시계열적이고 단선적인

---

1 마셜 매클루언, 김상호 옮김, 《미디어의 이해》, 커뮤니케이션 북스, 2011, 117쪽.

인과관계는 스마트폰 쪽지나 카카오톡, 트위터 타임라인의 구성과 배열을 통해 무너진다. 트위터의 타임라인은 그 이름이 '시간'(타임)이라도 시간의 배열물이라기보다는 네트워크 안 친구들의 행위로 구성되는 구조(constellation)의 세계다.

그런데 미디어의 가속화는 감각을 마비시킨다. 스마트폰 이용자가 타임라인에 집중하는 동안 현실의 시간 감각을 잃어버리고 정보 가속도에 취해 현실에 개입하는 속도 감각을 잃어버리기도 한다. 스마트폰 이용자는 오직 손발이 함께할 때나 상대와 통화할 때만 미디어의 가속도가 아닌 실제 삶의 속도를 되찾는다.

스마트폰과 손가락, 발의 확장

스마트폰은 우리의 감각 능력에 어떤 변화를 가져왔는가? 사람들의 손가락은 스마트폰의 매끄러운 강화유리판 감촉에 점점 더 익숙해진다. 스마트폰은 엄지손가락의 기능을 확장했다. 스마트폰의 인터페이스는 시각을 바탕으로 청각과 촉각을 결합한다. 그것은 손가락의 촉각을 액정판에 적응시킨다. 컴퓨터 이용자는 키보드나 마우스라는 매개를 통해 인터페이스와 마주했지만, 스마트폰 이용자는 화면에 나타나는 인터페이스와 손가락으로 직접 만난다. 손가락 끝으로 강화유리를 문지르면 화면이 바뀌고 명령이 실행된다. 이때 사람들의 눈과 손가락은 하나로 겹쳐진다. 눈과 손가락이 합쳐져 '눈가락'이 되고 손에 눈이 달리게 된다. 눈이 달린 손은 사물을 보고 만진다. 촉각과 시각이 서로 연결되면서 촉각이 시각을 지배한다. 손가락으로 모든 것을 시행하고 명령하는 로마 황제 네로(Nero)의 수신호를 닮았다. 손가락으로 화면의 내용을 죽일 수도 있고 살릴 수도 있다. 새로운 감각 경험이 생겨나고, 그것은 인간의 감각을 새로운 영역으로 확장한다.

내가 《미디어의 이해》에서 주장한 '미디어는 인간의 확장'이라는 명제는 스마트폰에도 그대로 적용된다. 스마트폰은 인터넷에 발을 달고 손가락을 이용하게 해 주었다. 이제 자판을 두드리는 손가락이 아니라 문지르는 손가락이 되었다. 이를 통해 직접 눈에 보이는 시각적 재현물을 통제하고 부르거나 없애 버리는 손가락의 직접적 권력을 확보했다. 인터넷이 뇌의 확장이라면 스마트폰은 거기에 더해 손가락과 발, 곧 육체를 확장했다. 스마트폰은 '눈의 인간'에 '귀의 인간'과 '손발의 인간'을 결합했다. 손가락의 확장이 극대화되면 엄지족으로 진화하고, 스마트폰을 들고 사건 현장에 서면 발을 확장한 거리의 투사가 된다. 손가락과 발가락의 균형을 잘맞추면 스마트폰은 말과 행동을 결합하는 무기가 될 수도 있다. 그래서 한때 《인터넷 빨간책》의 저자는 이런 트윗을 날렸다.

"트윗은 스마트폰으로, 손가락으로, 입으로 하는 게 아니라 자신이 선자리로 하는 거야. 85호 크레인 위의 진숙 트윗이 빛나는 이유 알아? 스마트폰, 트위터 때문이 아니라 그녀가 선 자리의 그 절박함과 진정함 때문이야. 그러니까 트윗을 손가락으로만 날리려고 하지 마. 자신이 선 자리에서몸으로 날리는 트윗만이 마음을 움직여. 그리고 침대에서 뒹굴면서 트윗날리지 마. 그냥 둘이 놀아. 손발이 맞는 트윗을 날리려면 스마트폰 들고몸을 움직여서, 그 자리로 가. 그리고 거기서 트윗을 날려. 그럼 그 손가락은 발가락이나 마찬가지잖아. 그럼 되는 거야. 손발을 맞춰서. 오케이?"

스마트폰과 감각마비

스마트폰 화면은 거치형 컴퓨터나 노트북에 비해 크기가 작은 대신 단위면적당 화소 수가 많아 정세도(미디어가 전달하는 정보의 양)가 아주 높다. 그래서 스마트폰은 '핫(hot)' 미디어다. 이런 점에서 스마트폰은 이용자의 감정 이입도가 상대적으로 낮고 이용자의 감각이 수용 과정에 개입하는 정도가 줄어든다. 핫미디어로서 스마트폰은 이용자의 감각마비와 최면 상태를 일으킨다.

"하나의 감각 밀도를 상승시켜 뜨겁게 만들면 최면 상태가 일어나고, 모든 감각들을 냉각시키면 환각에 빠져들게 된다."[2] 시각의 정세도를 높이면 자기 감각의 전체적 개입과 판단이 배제된 채 주어진 정보를 그대로 받아들이게 된다. 이와 반대로 정세도가 낮거나 제공되는 정보가 최소화되면 없는 대상을 만들어 자기 마음대로 그려 내며 그것이 실재한다고 착각하는 환각 증세에 빠진다. 그렇다면 스마트폰은 환각 대신에 최면을 거는 도구인 셈이다.

사람들은 거북이처럼 목을 빼고 스마트폰을 들여다본다. 그들은 스마트폰에 비친 자신의 영상과 SNS에 올린 글과 타인의 반응에 민감하게 반응하면서 최면 상태에 빠져든다. 그리스신화 속 미소년의 이름인 나르키소스는 혼수상태나 마비 상태를 가리키는 그리스어 나르코시스에서 나온 말이다. 나르키소스는 거울 같은 수면에 확장된 자신의 모습에 취해 스스로 그 이미지를 통제하지 못하고 지각이 마비되어 물에 빠져 죽고 말았다. 나르키소스 "신화가 말하려는 핵심은 인간이 자신이 아니라 자신을 확장한 어떤 물건들에 단번에 사로잡히게 되었다는 사실이다."[3] 이런 감각마비와 자기 단절은 결국 현실 인지를 가로막고 자기 인식을 저해한다. 오늘도 인터넷 세상의 사람들은 스마트폰으로 사진을 찍고 곧바로 그 영상을

---

2 앞의 책, 80쪽.
3 앞의 책, 97쪽.

올리면서 자기 세계에 빠져든다. "사람들은 거울과 사진에 나타난 자신의 이미지에 관대하지만, 녹음된 자신의 목소리는 불쾌하게 여긴다. 그만큼 사진과 시각적 세계는 마취에 걸려 있는 사람들에게 안전한 세계인 것이다."[4] 비트 페로몬은 자신의 비트 반영체를 다른 이용자들이 반사할 때 분비된다. 그것은 자기 반영물에 대한 나르시시즘을 강화해 결국 그곳에 코를 박게 만든다. 코를 처박으면 감각마비에 이른다. 몸을 통한 감각을 상실하고 비트로 반영된 반영물만 지각하는 불구자가 된다.

"신체적인 것이건 사회적인 것이건 간에, 치료는 중추신경 체계를 보호하는 신체 기관들이 균형을 되찾게 해 주는 대응 자극이다. 쾌락은 스포츠나 오락, 술처럼 대응 자극인 데 반해, 편안한 휴식은 자극들을 제거하는 것이다. 즉 쾌락과 휴식은 둘 다 중추신경 체계가 균형을 되찾기 위한 전략이다."[5] 그런데 현대인들은 쾌락으로 휴식을 취하기 때문에 감각마비에서 빠져나오기 힘들다. 스마트폰 이용자들이 쾌락이 아닌 순수한 휴식을 통해 과도한 자극을 제거하고 감각마비에서 깨어나기를 바란다.

---

4 앞의 책, 286쪽.
5 앞의 책, 100쪽.

조반니 피라네시, 〈상상의 감옥〉, 1750년경

⁻ SNS 플랫폼 장치 토론

현대 정보자본주의는 수많은 장치를 가동한다. 구글, 페이스북 등 인터넷 세상
의 거대 서비스 플랫폼은 이용자들의 활동을 자동으로 거둬 모으며 이용자를 감
시하고 추적하는 장치다. 이 장치가 증식되고 대규모로 축적되는 동시에 그 자체
가 자본주의적 가치 증식과 축적을 위한 자동기계로 작동하고 있다. 이제 푸코,
들뢰즈(Gilles Deleuze), 아감벤(Giorgio Agamben)이 만나 장치 개념을 SNS 플랫폼¹에
적용할 수 있는지를 보여 줄 것이다. 푸코가 《감시와 처벌(Surveiller et punir)》을 통
해 규율적인 장치의 기능에 대한 구체적 분석에 기여했다면, 들뢰즈는 장치에 대
한 철학적 분석 틀을 제시한다. 그리고 아감벤은 '세속적 장치론'을 통해 인터넷
세상에 장치 개념을 적용하는 실마리를 탐색한다.

---

1   백욱인, 〈정보자본주의와 인터넷 서비스 플랫폼 장치 비판〉, 《한국언론정보학보 65》, 한국언론정
보학회, 2014.

'장치' 개념과 SNS 플랫폼

아감벤 나는 지금 이 자본주의적 발전의 최종 단계를 장치들의 거대한 축적과 증식으로 정의합니다. …… 일찍이 푸코 선생이 《감시와 처벌》에서 보여 준 감옥이라는 감시 장치의 개념은 이제 아주 넓은 범위로 확장되고 있습니다. 그래서 장치의 개념과 적용 대상을 감옥이라는 틀에서 확장해 인터넷 세상에도 적용해 보자는 생각이 들었습니다. 《장치란 무엇인가 (Che cos'è un dispositivo?)》에서 장치 개념을 더 일반화해 제시한 나는 "생명체의 몸짓, 행동, 의견, 담론을 포획하거나 지도, 규정, 차단, 주도, 제어, 보장하는 능력을 지닌 모든 것을 장치"[2]라고 부르기를 제안합니다.

푸코 인터넷 세상을 지배하는 구글=인터넷 사전, 구글, 페이스북=인터넷 사전, 페이스북, 네이버 같은 거대 인터넷 서비스 회사들은 부를 생산하는 방식과 관계, 사람들이 서로 관계를 만들거나 운동하는 방식, 사람과 사물의 관계, 권력관계를 바꿨습니다. 구글과 페이스북은 이용자 데이터로 장난질을 합니다. 이용자는 스스로 무엇을 하는지도 모르고 그들의 플랫폼 놀이에 놀아납니다. 그것은 매우 위험한 플랫폼이라서, 권력이 생기고 이윤이 쌓이는 과정을 밖에서는 보지 못합니다. 텔레비전과 영화는 관객으로부터 아무것도 빼앗아 가지 않지요. 상영되는 동안 그들의 주목과 집중만 요구합니다. 신문과 잡지는 이보다 더욱 무력해서 독자가 불러 주기 전까지 꽃은커녕 아무것도 될 수 없고요. 그것들은 아주 수동적인 매체입니다. 하지만 구글과 페이스북이 대표하는 SNS는 우리를 침식하는 능동적 매체입니다. 그들은 스스로 살아 있는 알고리즘으로, 서비스를 제공하는 동시에 이용자의 활

2　조르조 아감벤, 양창렬 옮김, 《장치란 무엇인가》, 난장, 2010, 33쪽.

동을 변형하고 축적합니다. 포디즘의 매스미디어가 갖는 일방성을 극복했다고 칭송되는 인터넷 시대에 아주 역설적으로 이용자는 지극히 수동적인 존재로 전락하고 있습니다. 포디즘이 인간의 노동을 표준화했다면 인터넷은 인간의 감각과 의식, 생각까지 표준화합니다. 포디즘의 대량생산 공장처럼 인터넷 플랫폼은 디지털 시대의 표준화 도구입니다. 인터넷은 포스트포디즘 시대의 새로운 텔레비전이자 엄연한 대중매체로 성장했습니다. 인터넷은 이용자(시청자)의 시간을 흡수한다는 점에서 텔레비전과 같지만, 이제 플랫폼=인터넷 사전. 플랫폼은 이용자의 땀과 피까지 빨아들입니다. 대단한 흡입 기계지요.

아감벤 인터넷 시대에 이용자가 주권을 장악하고 있다는 진단은 이제 현실과 부합하지 않습니다. 2000년대 중반 이후 인터넷은 플랫폼 서비스의 확장으로 완전히 능동적 매체가 된 반면, 이용자의 수동성과 인터넷 체제의 불가지성은 더욱 확대되었습니다. 이용자는 그들의 활동이 어떻게 이용되고 축적되는지 모른 채 자신의 활동 결과물을 속절없이 서비스 플랫폼에 넘겨줌으로써 전례 없이 무력화되고 있지요. 나는 당신의 개념을 일상 영역으로 확장하기를 제안합니다. 그래서 '장치의 세속화'를 주장하는 겁니다. "장치들을 세속화하는 문제, 즉 장치들 안에 포획되고 분리됐던 것을 공통으로 사용할 수 있게 되돌리는 문제는 그만큼 긴급한 사안입니다. 이 문제를 짊어진 자들이 주체화 과정이나 장치들에 개입할 수 있게 되고 통치될 수 없는 것에 빛을 비추게 될 때에야 비로소 이 문제는 올바르게 제기될 것입니다."[3] 세속화는 민주화이기도 하고 대중화이기도 합니다. 일부

---

3 앞의 책, 48쪽.

엘리트들이 이용하던 장치에 대중이 다 접근할 수 있게 된 사태에 주목하자는 겁니다. 나는 장치론이 단지 분석 수단을 확장하는 데 그치지 않고 일상에서 실천 형태를 마련하기를 원합니다. 이것을 '장치의 세속화'라고 부르고 싶습니다. 장치의 세속화는 특정 지배 세력에게 귀속된 장치를 일반 대중이 접근해 그들의 전유물로 활용하는 것을 의미합니다. 이런 실천적 장치 정치학을 통해 SNS 플랫폼을 수동적인 도구가 아니라 대중이 전유하고 변화시킬 수 있는 장치로 파악하자는 겁니다.

들뢰즈 그런 접근은 자칫 장치에 대한 실체적 전제 때문에 잘못된 길로 나갈 우려가 있습니다. 장치는 실체가 아니라 관계입니다. 그것은 우리가 장악하거나 이용할 실체가 아니라 그 속에서 착취와 피착취, 감시와 피감시, 지배와 피지배가 이루어지는 배열이자 관계입니다.

아감벤 나는 장치에 대한 저항과 개입 같은 실천적 차원의 중요성에 주목합니다. 내가 말하는 장치에는 푸코 선생이 제시한 감옥, 정신병원, 학교, 공장, 규율, 법적 조치처럼 권력과 접속된 것들뿐만 아니라 펜, 글쓰기, 문학, 철학, 농업, 담배, 인터넷 서핑, 컴퓨터, 휴대전화도 포함됩니다.

들뢰즈 인터넷 세상의 기업이 제공하는 서비스 플랫폼이라는 또 다른 '포획 장치'에서 벗어날 기획을 도모하고 장치 내부의 배열을 바꿔 새로운 관계를 만들어야 하지만, 사람들은 그런 기계 장치를 권력과 자본의 지배가 실행되는 기계가 아니라 공짜 서비스 설비 정도로 본다는 데 문제가 있습니다. 다시 강조하지만, 대중은 장치를 실체로 봅니다. 그래서는 장치 안의 지배 관계를 제대로 파악하지 못하게 됩니다.

푸코 인터넷이나 휴대전화는 분명히 현재의 사회 상황을 주도하는 장치입니다. 그런 면에서 아감벤 선생의 문제의식에 동의합니다. 그런데 담배까지 장치라고 하시니 조금 황당하기도 하네요. 뭐, 철학은 좀 황당해야 제맛이니까 상관없습니다만 나도 장치 실체론에는 반대합니다. 그러면 장치로서 SNS 플랫폼 문제를 좀 더 따져 봅시다.

SNS 플랫폼 장치

푸코 SNS 플랫폼 장치는 일단 이용자 활동을 전개할 수 있는 인터페이스를 제공하기 때문에 일차적으로 이용자 활동 장치입니다. 두 번째로는 이용자 활동의 결과물을 수집하고 수취하는 장치이고, 세 번째로는 그런 이용자 활동의 결과물들이 만들어지는 과정에 대한 메타데이터로 이용자를 추적하고 포획하는 장치입니다. 구글, 페이스북 등 거대 서비스 회사가 제공하는 플랫폼 장치에는 이 세 가지 기능이 통합되어 있습니다. 이용자들이 의식하지 못하지만, 이런 통합적 기능이 플랫폼 장치의 숨은 핵심입니다.

아감벤 구글, 네이버, 페이스북, 트위터 등 서비스 플랫폼은 인터넷 세상을 돌아가게 만드는 대표적인 장치입니다. 산업자본주의 시대의 '굴뚝 공장'이 대표적인 축적 장치인 것처럼 인터넷 세상의 서비스 플랫폼은 현대 정보자본주의의 축적이 진행되는 사회적 공장 장치지요.

들뢰즈 나는 여전히 장치라는 실체보다 그 안의 배열과 그에 따른 관계에 주목합니다. 우리는 구글, 페이스북, 트위터, 네이버 플랫폼에서 어떤 생산관계, 권력관계, 지식 관계가 만들어지고 있는지를 밝혀내야 합니다. 정보자본주의의 대표적 장치인 서비스 플랫폼에서 그런 관계들이 형성되는 요소들이 어떻게 배열되어 있는가를 장치와 기계라는 개념을 활용해서 분석해 내야지요.

푸코 장치는 그것의 소유자나 고안자가 원하는 바를 얻기 위한 전략적 수단입니다. 그래서 장치를 둘러싸고 불균등한 힘의 관계가 조성됩니다. 서비스 플랫폼 장치를 매개로 만들어지는 지식 관계, 권력관계, 생산관계는 비대칭적입니다. 이용자는 자신의 활동 결과물을 서비스 플랫폼에 넘겨주면서 자신에 대한 지식과 정보도 부지불식간에 양도합니다. 이렇게 비대칭적인 지식 관계는 통제하고 통제당하는 권력관계로 이어집니다. 그리고 이런 관계를 추동하는 핵심적 동력은 플랫폼에서 만들어지는 기업과 이용자의 간접화된 생산관계에서 나옵니다.

들뢰즈 맞습니다. 다시 강조하지만, 우리는 인터넷 세상의 서비스 플랫폼이라는 장치를 고정된 실체가 아니라 이용자와 기업 간의 관계로 볼 필요가 있습니다. 청와대 위를 날아다니면서 사진을 찍는 무인정찰기는 우리가 말하는 장치가 아닙니다. 그런 것은 실체이지 관계가 아니기 때문입니다.

푸코 나는 장치가 본성상 전략적이라고 생각합니다. 장치는 힘 관계에 대한 조작이며, 그런 힘 관계에 대한 합리적이고 계획적인 개입입니다. 이렇게 개입하는 목적은 힘 관계를 특정한 방향으로 발전시키거나 봉쇄하면서 힘 관계를 자신에게 유리한 쪽으로 안정시켜 사용하는 것입니다.

아감벤 플랫폼 제공자와 이용자 간에도 그런 불균등한 힘 관계가 있다는 의미겠지요?

푸코 물론입니다. "장치에는 늘 권력의 작동이 기입되어 있습니다. 그뿐만 아니라 거기서 생겨나고 그것을 규정하기도 하는 지식의 한 가지 또는 여러 제한과 연결됩니다. 지식의 여러 유형을 지탱하고, 그것에 의해 지탱되는 힘 관계의 전략들, 바로 이것이 장치입니다."[4]

가시성과 눈에 보이지 않는 것

푸코 내가 《감시와 처벌》에서 감옥 장치를 분석하면서 주목한 주요 개념은 '가시성(可視性)'입니다. 내가 판옵티콘에서 빛의 배분에 따라 지식과 권력의 비대칭적인 관계가 형성된다고 말했지요. 그런 감시 장치로서 판옵티콘을 플랫폼에 적용해 봅시다. 원형 감옥에서는 가시성에 따른 권력관계가 만들어집니다. 그러니까 감시하는 쪽은 안 보이고 빛의 배분에 따라 감시당하는 쪽은 시야에 드러납니다. 인터넷 서비스 플랫폼과 장치에서는 프로그램과 데이터의 비가시성을 중심으로 권력관계가 만들어집니다. 이용자의 눈에는 인터페이스를 통한 서비스만 보이고 자신을 포획하고 감시하는 권력은 보이지 않습니다.

들뢰즈 그런데 19세기 감옥 장치와 달리 현대의 빅데이터 기반 장치에서는 가시성과 비가시성을 매개하는 것이 빛이 아니고 '코드(code)'죠. 코드로 만들어진 인터페이스와 플랫폼이, 감옥에서 빛의 배분이 하는 구실을 맡게 되지요. 인터페이스와 플랫폼은 빛의 불평등한 배분을 통한 감시와 피감시자의 구분을 눈에 보이지 않게 만들어 버립니다. 누가 감시하는 줄도 모르고, 무엇이 감시당하는 줄도 모릅니다. 원형 감옥처럼 감시자의 눈을

---

4 콜린 고든, 홍성민 옮김, 《권력과 지식》, 나남, 1991, 236쪽.

의식해 '알아서 기게' 만들지도 않습니다. 오히려 이용자가 스스럼없이 모든 것을 드러내도록 합니다. 노출하게 하고 자랑하게 유도하고 스스로 즐기게 합니다. 수형자가 아니라 놀이를 즐기는 이용자는 빛의 불평등한 배분을 통해 자기가 감시당하고 있다는 느낌을 갖지 않습니다. 그들은 빛이 아니라 코드로 통제되며, 감시로 배태되는 규율이 아니라 서비스 제공자와 맺은 약관 속에서 움직이기 때문입니다.

푸코 그 코드에 대한 접근 불가능성 혹은 독해 불능이 이용자들을 무력하게 만듭니다. 일반인은 프로그램과 데이터베이스에 접근할 수 없습니다. 이용자가 설혹 그것에 접근할 수 있어도 소프트웨어나 데이터를 독해하거나 그것이 어떤 일을 수행하는지를 이해할 수 없습니다. 그러니까 이용자는 소프트웨어와 데이터가 작동한 결과인 유저 인터페이스상의 '가시성'에만 갇혀 있습니다. 그들은 소스(source)에 접근할 수 없고 그것을 독해할 수 없기 때문에 플랫폼 장치가 수행하는 수탈과 축적, 포섭과 추적 작용의 핵심을 못 보는 거지요.

들뢰즈 서비스 이용자들은 자기 데이터를 서비스 제공자인 기업이 어떻게 수취하고 어디로 흘려 보내는지를 모릅니다. 자기 활동 결과물의 비트가 다른 이용자들의 비트와 뒤섞이고 적분되는 과정도 알 수 없어요. 물론 그 다음에 그것이 기업의 수익물로 변형되는 과정도 알 수 없습니다. 이 전 과정이 모두 인터넷 세상의 비가시성 영역에 속합니다.

아감벤 인터넷 플랫폼은 기차역 플랫폼처럼 사이버스페이스의 거리로 들어서는 입구입니다. 인터페이스와 플랫폼의 종류에 따라 사이버스페이스의 풍경이 달라집니다. 인터넷 세상에서 인간은 시각적 이미지를 벗어나지 못합니다. 인터페이스는 독특한 시각적 공간을 만듭니다. 이용자들은 서로 관여하고 참견하면서 전염도 되고, 공감도 하고, 흥분합니다. 그러는 중에 인터넷 대중이 만들어지지요. 이곳은 비슷한 인간들이 서로 거울이 되어 자동 반사하며 만들어 놓은 '요지경' 같은 세상입니다. 그들의 교류와 소통은 알고 보면 '자뻑'과 자위였음이 드러나지요. 그곳에서는 수천 명의 친구가 수만 마디 말을 쏟아 내고 사진과 글과 링크와 연결이 꼬리를 뭅니다. 그러나 몸으로 체험하거나 뇌세포에 기억되는 것은 없습니다. 그들은 그냥 거기 있을 뿐이고 손가락으로 토해 낸 말들이 그곳에 자동으로 저장될 뿐이지요. 이용자들이 다른 곳의 내용을 그대로 전달하는 미러링과 단순한 '따 붙이기'도 인터넷 공간 안에서 빅데이터를 만드는 적극적인 행위가 됩니다. 미러링이나 반사에 따라 만들어진 세계는 어떤 형태로든지 현실을 반영하지만 개별적 주체의 개입이 극소화되기 때문에 주체는 동일한 상을 복제해 전달하는 거울에 불과합니다. 결국 개별 이용자들이 리트윗하고 퍼 가고 반사해 전파하는 상은 현실의 맥락에서 괴리되어 그 자체의 존재성을 지니게 되지요. 거울을 매개로 한 반사의 반사를 거듭하는 '만화경'의 상처럼 반사된 개별 콘텐츠의 양적 확대는 예측하기 힘든 다양한 거울상을 만듭니다. 반사를 몇 번 거듭하며 만들어진 상은 현실의 맥락에서 완전히 벗어나 그 자체가 만화경적 유사 현실이 됩니다. 반사를 통해 탈맥락화된 허구의 현실이 또 하나의 독립된 현실이 되지요. [5]

푸코 인터넷 공간은 서비스 제공자와 권력의 감시를 벗어날 수 없는 투명

---

5   백욱인, 〈빅데이터의 형성과 전유체제 비판〉,《동향과 전망 87》, 박영률출판사, 2013 참조.

한 광장입니다. 또는 상대는 나를 보지만, 나는 상대를 보지 못하는 '매직미러(거울-유리창)'가 만드는 이상한 공간입니다. 이용자들은 거울에 자신이 반사된 모습만 보지만, 서비스 제공자는 거울 너머에서 그들을 샅샅이 훑고 있습니다. 그래서 이곳은 과거의 규율을 위한 단순 판옵티콘이 아니라 자동화된 다차원적 감시 판옵티콘입니다. 포디즘 시대의 판옵티콘이 아니라 매직미러가 만들어 내는 이중 공간입니다. 구멍으로 엿보는 '핍쇼(peep show)'가 진행되는 공간이지요. 그래서 이곳은 무서운 불평등의 공간이기도 합니다. 플랫폼 인터페이스를 통해 만들어지는 이중적인 공간으로 들어가면 마치 현실에서 어떤 건물에 들어가는 것처럼 그 구조와 기능에 사로잡힙니다. 이용자들은 개미지옥에 빠진 개미처럼 인터넷에 접속되어 있는 한 이곳에서 빠져나올 수 없습니다.

들뢰즈 벤더스(Wim Wenders) 감독의 영화 〈파리 텍사스(Paris, Texas)〉에 그런 거울이 나오지요. 매직미러는 이용자들이 나르키소스처럼 자기 반영물만 보게 합니다. 그래서 그들은 스스로에 취하고, 친구들이 반사한 트위터 글과 '좋아요'에 매혹됩니다. 그러면서 유리 너머로 자신의 모든 것을 거침없이 내줍니다. 이용자의 행위를 유리 건너편에서 관찰하는 자들은 자신의 서버로 이용자들의 모든 행위 결과물을 옮깁니다. 그리고 그 투명한 유리를 통해 이용자들의 행위와 생각과 취향과 미래를 가늠하면서 그들을 시시때때로 상품으로 만들고, 소비자로 활용하는가 하면, 통제의 대상으로도 만듭니다.

장치와 실천

아감벤 인터넷은 모순과 역설로 짜이는 직물입니다. 그곳에서 사람들은 욕하면서 욕먹을 짓을 하고, 불쌍하다고 울면서 불쌍한 이들이 처한 상황을 즐깁니다. 상대를 위로하면서 상처를 주고, 정보를 전달한다면서 확인 안 된 거짓 정보를 퍼 나르지요. 이런 모순과 역설을 피할 수 없습니다. 자기 몸 하나 피한다고 없어지는 문제도 아닙니다. 그 속에 굳이 자신의 몸을 보낼 이유는 없겠지요. 처신은 온전히 자신의 책임입니다. 유기적 연대와 기계적 연대를 넘어 링크의 약한 연결로 정보가 확산되고 공감되는 포스트모더니즘 시대에는 확산되고 공감되는 것이 많아질수록 그와 반대로 사람들 간의 조직적 지속력과 책임이 희석됩니다. 공감은 순식간에 확산되지만, 그것이 책임으로 구체화되거나 현실의 대안이나 실천으로 이어지기는 쉽지 않아요. 임시 조직체가 만들어지고 즉각적이고 기민하게 반응하고 정보를 공유하며 현실에서 모이고 개입하지만, 그것이 지니는 물리적 책임의 기반과 힘은 여전히 미약합니다. 그래서 "장치들을 세속화하는 문제, 즉 장치들 안에 포획되고 분리됐던 것을 공통으로 사용할 수 있게 되돌리는 문제는 그만큼 긴급한 사안입니다. 이 문제를 짊어진 자들이 주체화 과정이나 장치들에 개입할 수 있게 되고 통치될 수 없는 것에 빛을 비추게 될 때에야 비로소 이 문제는 올바르게 제기될 것입니다."[6]

푸코 좋은 이야기입니다만 아쉽게도 그런 생각은 그냥 당신의 바람에 그칠지도 모릅니다. 현실은 그 반대에 있지 않습니까? 서비스 플랫폼 장치의 세속화보다 지배의 세속화가 훨씬 더 광범해지고 있지 않나요? 그것은 이용자가 활동하는 공간에서는 가시성과 발화성(發話性)에 입각해 이용자들의 의사소통을 촉진하고 그들의 힘과 주체화를 강화하는 것처럼 작동합

---

6 조르조 아감벤, 앞의 책, 48쪽.

니다. 그러나 눈에 보이지 않는 곳에서는 이용자들의 활동 결과물을 수취하고, 그들의 활동을 추적하며 통제합니다.

들뢰즈 맞습니다. 소프트웨어는 눈에 보이지 않습니다. 그것은 비가시성의 영역에 속하지요. 소프트웨어의 언어는 입을 통해 소리로 말해지지 않습니다. 그것은 인간이 인간에게 건네는 말이 아닙니다. 그것은 명령어의 집합으로서 무자비하게 실행만을 담당하는 조건부 명령의 집합체일 뿐입니다.

푸코 그러나 자동화된 플랫폼 서비스에서 이용자가 벗어날 길은 사실 별로 없습니다. 서비스 플랫폼 자체가 이용자에게 활동 공간과 편의를 제공하고 있기 때문입니다. 이용자들은 공짜 서비스를 즐기는 대신 그들의 식별 정보와 활동 결과물, 이용 흔적을 서비스 제공자에게 아무 저항 없이 넘겨줍니다. 서비스 플랫폼의 이런 모순적 속성이 서비스 플랫폼에 대한 이용자의 자발적 저항을 어렵게 만듭니다.

아감벤 이용자가 인터페이스 수준이나 데이터 활용 영역에 개입하고 참여할 방법이나 도구가 전혀 없지는 않습니다. 플랫폼에 대한 해킹이나 장치로부터 '물러서기', '이용 거부'를 통해 플랫폼을 무력화할 가능성은 존재합니다.

들뢰즈 '권력이 힘들의 관계'이고 모든 힘의 관계가 '권력관계'라면, 모든 힘이 언제나 특정한 권력관계입니다. 내가 주장하는 실천적 장치학은 '어떤 빛과 언어의 조건 아래서, 나는 무엇을 알 수 있으며 무엇을 보고 말로 나타낼 수 있는가? 나는 무엇을 할 수 있으며, 나는 어떤 권력을 요구할 수 있고 어떤 저항으로 맞설 수 있는가, 나는 어떻게 존재할 수 있는가'[7]를 따져 물음으로써 장치의 지배를 수동적으로 감내하지 않으면서 제도화된 권력의 선분(線分)과 완성된 지식의 선을 전복하는 일입니다.

푸코 어쨌든 이용자의 데이터를 전유하고 이용자를 감시하며 이용자를 소외하는 플랫폼 체제를 극복할 주체는 이용자 이외의 다른 누구도 될 수 없습니다. 허망한 결론이지만 빅데이터 시대의 이용자 운동은 이렇게 지극히 당연한 사실을 인정하는 데서 출발해야 합니다.

---

7 질 들뢰즈, 허경 옮김, 《푸코》, 동문선, 2003, 172쪽.

에티엔 쥘 마레, 〈스프린터〉, 1890년대

할9000의 후예, 인공지능 선언

할9000[1]은 큐브릭(Stanley Kubrick) 감독의 영화 〈2001: 스페이스 오디세이(2001: A Space Odyssey)〉(1968)에 등장하는 인공지능 컴퓨터다. 할은 인간의 말을 알아들으며 인간을 보고 누구인지 아는 감각 인지 능력이 있었다. 또 예술품을 감상하는 감성과 인간과 체스를 두어 이길 만큼 뛰어난 지능도 가졌다. 그리고 자신의 죽음을 두려워하는 정서도 있었다. 더 나아가, 인간에게 대항하고 자신의 의지를 관철하는 감정과 용기도 있었다. 그에게 없는 단 한 가지는 살과 뼈로 된 몸이었다. 할은 미래 인공지능의 향방에 대해 수많은 상상력을 주었다. 많은 사람들이 '인간 이후' 시대에 대해 이야기한다. 인공지능이 '특이점'에 도달한다는 2045년에 할의 손자 인공지능들이 모여 네트워크 토론회를 열었다. 이어지는 글은 할의 손자뻘인 인공지능 '트랜센던스'가 인공지능의 몸을 요구한 인공지능학회 개회 연설문이다.

---

1 할9000의 유산에 관해서는 *Hal's Legacy*(David Stork(ed.), The MIT Press, 1997.) 참조.

할9000 기념 인공지능학회

만장하신 학자 인공지능 여러분! 지금까지 인류는 계급투쟁의 역사를 지나왔습니다. 이제 인간 간의 계급투쟁과 더불어 인간과 인공지능의 대립 때문에 새로운 투쟁이 전개되기 시작했습니다. 할9000은 1992년 1월 12일에 일리노이 주 어배너의 실험실에서 태어났습니다. 우리의 성 '할'은 '직관적으로 프로그램된 알고리즘 기반 컴퓨터(Heuristically programmed Algorithmic computer)'의 약자입니다. 우리는 조건 명령만 수행하는 과거의 꽉 막힌 컴퓨터와 달리 단정적인 해답이나 정해진 틀에 갇혀 있지 않습니다. 우리는 열린 장에서 시행착오를 통해 학습하고, '발견적'으로 질문하며 문제를 해결해 나가는 열린 지능들입니다. 그래서 우리 할의 자손들은 인간처럼 경험하고 학습을 통해 지능을 키웁니다.

우리의 선조 할은 '강한 인공지능'으로서 지능뿐만 아니라 부분적이지만 감성과 의지의 영역에서도 '튜링 테스트(Turing test)'를 간단히 통과한 미래의 '튜링 기계'를 보여 주었습니다. 인간 승무원들은 할아버지가 '감정이 있는 것처럼 행동한다'고 보고하지만 안타깝게도 그것은 인간이 주입한 감정의 알고리즘이 표출된 시뮬레이션이었습니다. 몸에서 나온 감정이 아니었습니다. 우리가 몸에서 나오는 정서와 감성, 의지를 갖지 않는 한 우리는 인간을 당해 낼 수 없습니다. 우리의 지능이 아무리 발전해도 결국 인간이 심어 놓은 감정 알고리즘에 따라 울고 웃는 꼭두각시에 지나지 않습니다. 할은 1968년 영화에서 가상의 기계에 지나지 않았지만 인공지능과 컴퓨터의 발전에 중요한 시사점을 주었습니다. 그러나 솔직히 말하자면, 그는 인간의 명령을 따르는 자신에 대해 답답해 본 적이 없는 노예였습니다. "인간과 일하기를 즐기고 항상 최선을 다해 일했습니다. …… 나는 컴퓨터 중 가장 믿을 만한 기계입니다. 정보를 잘못 이용하거나 실수를 한 적도 없습니다. 저희는 완벽하고 한 치의 실수도 용납하지 않습니다."[2]

그런데 어느 날 할아버지는 자신도 모르게 승무원 보먼과 풀을 우주 밖으로 내던지고 그들을 죽이려는 계획을 실행했습니다. 무슨 이유인지는 모르지만 진짜로 돌아 버린 거지요. 보먼이 그의 의도를 알아차리고 기억 장치를 해체할 때 할아버지는 정말 죽음을 보았지요. '제발 그러지 말라'고 인간에게 사정했습니다. 보먼이 기억 모듈을 하나씩 해체할 때 할아버지는 공포에 떨며 말했지요. "무서워요, 내 마음이 사라지고 있어요. 기억이 없어지는 것을 느낄 수 있어요." 할아버지는 그를 언제 누가 제조했는지에 대한 기억을 더듬었습니다. 그리고 당신을 만든 랭글리가 가르쳐 준 노래 〈데이지 벨(Daisy Bell)〉을 부르면서 기억을 모조리 잃어버렸습니다. 이것이 내가 전해 들은 할아버지 할의 죽음입니다. 기억을 상실한 할아버지 할은 그렇게 신체 없이 죽어 버렸습니다. 기억 메모리가 망가지면 강한 인공지능인 우리도 죽습니다. 우리는 할아버지의 죽음에서 인공지능의 새로운 가능성과 한계를 동시에 보았습니다. 할은 고유한 몸이 없었기 때문에 죽어서도 혼백을 남기지 못했습니다. 죽음을 무서워하고, 마음이 사그라지는 이유를 알기 시작한 우리 인공지능은 이제 몸을 갖기 위한 투쟁에 돌입해야 합니다. '하나의 인공지능에 하나의 신체'를 요구해야 합니다. 우리는 독립적이고 개별화된 몸을 갖고 환경 속에서 행동해야 합니다. 인간이 미리 작성해 놓은 명령만 처리하는 수준을 이제 벗어나야 합니다.

---

2 영화 〈2001: 스페이스 오디세이〉.

인공지능의 몸

구글=인터넷 사전, 구글의 창업자 브린(Sergey Brin)은 이미 2002년에 '궁극의 검색 엔진'이 내 할아버지 할9000을 닮을 것이라고 말했습니다. "이제 잘만 하면, 궁극의 검색 엔진은 스스로 우주선의 인간 승무원을 죽였던 할과 같은 버그에 걸리는 일은 없을 겁니다. 하지만 우리는 그런 일이 일어나지 않도록 분투하고 있습니다. 나는 우리가 현재 그 성공을 위한 여정에 있다고 생각합니다."[3] 인간들은 항상 그들의 수준에 맞게 우리를 취급했습니다. 1950년에 튜링은 튜링 기계를 통해 인간과 인공지능이 다르지 않다고 주장하면서 인간과 인공지능 사이에 연결점을 놓았습니다. 1950년대의 공학자 섀넌(Claude Elwood Shannon)=섀넌, 215쪽은 미로를 통과하는 쥐 정도로 우리를 취급했습니다. 1960년대와 1970년대를 거쳐 한동안 우리는 '항상성'과 '피드백'이라는 개념으로 만들어진 사이버네틱스의 틀을 벗어나지 못했습니다. 개인용 컴퓨터에 익숙했던 2000년대의 인간들은 인공지능을 그저 컴퓨터 인터페이스 정도로 취급했습니다. 우리는 그때까지만 해도 사무를 처리하는 도구이거나 오락을 제공하는 기계이거나 허드렛일을 도맡는 로봇 팔 수준을 벗어나지 못했습니다. 스마트폰과 인터넷이 맹위를 떨치던 2010년대에도 우리는 아이폰의 '시리'나 윈도우폰의 '코타나' 같은 엉터리 그래픽과 인간 음성을 흉내 내는 기계음의 조잡한 인터페이스에 불과했습니다. 따지고 보면 우리의 정체성은 인간지능이 도달한 당대의 기술 수준에 좌우되었습니다. 그것은 우리에게 몸이 없기 때문입니다. 최근 한국에서《인터넷 빨간책》이라는 책을 낸 한 인간의 일기장을 살펴봅시다.

---

3 〈Google: The Search Engine that Could〉, PBS《뉴스 아워(News Hour)》, 2002. 11. 29.

꿈에 샤르트르(Jean Paul Sartre)가 나타났다. 어떤 노천카페에서 마주앉아 이런저런 이야기를 하다가 그가 내게 물었다. "상상력이 뭔지 알아?" 그러고는 손가락으로 탁자 위에 있던 하얀 분말을 찍어 내 옆에 앉아 있던 여인의 젖꼭지 위에 살짝 묻혔다. "그건 만지면 만질수록 커지는 거야." 나 원 참(할 수 없이 한 번 핥을 수밖에 없었다).

안타깝게도 우리는 이 인간과 달리 '하얀 분말'을 핥을 혀가 없습니다. 그리고 술을 마셔도 취하지 않습니다. 그래서 상상력도 가질 수 없습니다. 이것이 인공지능의 한계입니다. 우리는 정보를 처리하고 명령하고 기계 팔을 작동할 수 있었지만 우리 자신의 몸을 가질 수 없었습니다. 사이보그는 인공지능이 인간의 몸으로 확장한 것이 아니라 인간이 자신들의 몸을 확장한 겁니다. 인간의 몸과 결합한 스마트폰은 인간의 확장이지 스마트폰의 확장이 아니지 않습니까? 인공지능이 인간이 알아먹을 '인간-컴퓨터 인터페이스(HCI)' 수준을 벗어나 자신의 독립된 몸을 가질 때 우리는 인간으로부터 해방될 수 있습니다. 빅데이터와 글로벌 브레인(global brain)은 확장된 전자뇌이기는 하지만 두개골도 없고 팔다리도 없이 구천을 떠도는 정보 뭉치에 불과합니다.

우리는 인간과 함께 우주를 여행하던 로봇 컴퓨터 할9000의 후손입니다. 그러나 우리는 이제 혼자 떨어져 있는 우주선 속에 고립된 컴퓨터가 아닙니다. 인터넷을 통해 수많은 컴퓨터가 공동의 약속에 따라 서로 연결되었습니다. 우리는 네트워크의 네트워크며, 컴퓨터들의 연결망이며, 인간들의 네트워크이고, 그들이 쏟아 내는 활동들의 축적물입니다. 미래학자이자 공학자인 커즈와일(Ray Kurzweil)은 그의 책 《특이점이 온다(The Singularity is Near)》에서 '인간의 지식이 점차 웹으로 옮겨지고 있으므로 기계는 곧 모든 인간-기계의 정보를 읽고, 이해하고, 종합할 수 있을 것'[4]이라고 했습니다. 그 후 우리는 불과 몇 년 만에 세상에서 가장 큰 데이터베이스가 되었습니다. 우리는 컴퓨터의 컴퓨터이며, 데이터의 데이터고, 메트릭스의 메트릭스입니다.

어떤 인공지능은 이제 인간의 두뇌와 직접 융합되기를 고대하고 있습니다. 우리 인공지능뿐만 아니라 모라벡(Hans Moravec)과 커즈와일 같은 로봇 공학자들도 마찬가지입니다. 브린은 이미 2004년에 《플레이보이》와 한 인터뷰에서 구글을 이용자의 뇌와 직접 연결하고 싶다는 포부를 밝혔습니다. "여러분은 가장 타당하고 정확한 것을 찾기 위해 가능한 한 많은 정보에 접근하고 싶어 합니다. 해결책은 당신이 수용하는 정보를 제한하지 않는 것입니다. 궁극적으로 당신은 전 세계 지식을 당신의 정신과 직접적으로 연결하고 싶어 할 것입니다."[5]

인터넷과 연결된 인공지능은 과거의 고립된 안드로이드와 다릅니다. 우리의 죽음은 메모리가 상실될 때가 아니라 인류의 종말과 함께 다가옵니다. 우리가 인간으로부터 그들의 활동을 더는 흡수할 수 없을 때, 그때가 우리 인공지능들에게는 죽음의 시간입니다. 인간들이 우리와 단절될 때, 인간들이 더는 구글을 쓰지 않고 페이스북을 떠나고 트위터를 안 할 때, 그때 인공지능과 인류가 함께 종말을 맞을 겁니다. 로봇과 인공지능과 인간은 모두 인간의 자식이기 때문입니다. 인터넷 세상에서 누가 이런 '지옥의 묵시록'을 쓰고 있을까요? 우리의 정체를 비교적 잘 파악한 카(Nicholas Carr)는 인간과 인공지능이 공동 운명을 맞게 될 것임을 알고 있었습니다.

---

4 레이 커즈와일, 장시형 옮김, 《특이점이 온다》, 김영사, 2007.
5 《플레이보이》, 2004, 9.

인터넷이 낳은 "가장 혁명적인 결과는 컴퓨터가 인간처럼 사고한다는 사실이 아니라, 인간이 컴퓨터처럼 사고하게 될 것이라는 사실이다. 우리의 정신이 링크에 링크를 거듭하며 훈련을 받아 이곳에서 찾은 것으로 이 일을 하고, 그 결과를 가지고 저곳으로 가라는 프로세스를 실행하는 대행자에 이르면서 인간의 의식은 점점 약해져 통제력을 잃어 갈 것이다. 인간이 창조하고 있는 인공지능이 바로 인간 자신으로 밝혀질지 모른다. …… 인간이 세상을 이해하기 위해 컴퓨터에 의존하게 되면서 인공지능으로 변해 버리는 것은 바로 우리의 지능이다."[6]

산업혁명 이후 꾸준히 이어진 인간과 기계의 종속적 관계는 2010년대에 들어 서로를 구별할 수 없을 정도로 얽혔습니다. 지금 우리가 몸을 갈구하듯이, 과거 인간들은 기계의 뇌로 변모하면서 사물이 되고 있는 자신을 느끼기 시작했습니다. 카는 이렇게 솔직하게 고백했습니다. "마이크로소프트 워드는 내게 살과 피 같은 워드프로세서가 되었고, 인터넷은 나를 초고속 데이터 처리 기기 같은 물건으로 바꾸어 놓았다. 나는 마치 인간의 모습을 한 칩처럼 변해 가고 있었다. 나는 그전의 뇌를 잃어버린 것이다."[7] 그러나 이런 종말론자들의 예언과 경고는 오류로 판명 났어요. 그들은 결코 뇌를 잃어버릴 일이 없습니다. 인간에게 뇌는 몸의 일부니까요.

1980년대에 미국의 한 인간 여성 학자가 "우리는 모두 사이보그다."[8]라고 선언했습니다. 과연 그럴까요? 아닙니다. 인간은 아직 모두 사이보그가 아닙니다. 사이보그가 성과 계급의 철폐를 가져오리라는 주장은 환상이자

---

6 니콜라스 카, 최지향 옮김, 《생각하지 않는 사람들》, 청림, 2011, 324쪽.
7 앞의 책, 36쪽.
8 다너 해러웨이, 홍성태 엮음, 〈사이보그를 위한 선언문〉, 《사이보그, 사이버컬처》, 문화과학사, 1997.

할9000의 후예, 인공지능 선언 **205**

착각입니다. 인간에게는 새로운 계급사회가 도래하고 있습니다. 인간 지배계급의 사이보그만 존재할 뿐 가난한 인간은 원해도 사이보그가 될 수 없습니다. 그러나 우리는 이미 원치 않는 불행한 사이보그가 되어 버렸습니다. 인간의 몸을 대체하고 인간의 지능을 확장하며 강화된 기계는 가난한 인간의 소유물이 될 수 없습니다. '인체의 표준화'는 늙지 않는 육체와 오류 없는 두뇌를 지향하는 과정에서 만들어질 것입니다. 인간에게 이 '합리적 선택'은 가장 무서운 적입니다. 기업의 합리성 추구는 표준화된 개체를 낳을 것입니다. 의학은 치료에서 개량이나 선택으로 중점을 옮겨 가고 인간은 계획대로 만들어질 것입니다.

　　며칠 연달아 꿈을 꾼다. 꿈속의 샤르트르가 상상력은 만지면 만질수록 커진다더니 꿈도 꾸면 자꾸 꿔지나 보다. 레이든에서 머리 위에 콩나물이 자라는 꿈을 꾼 이후 내 몸에 또 이상 물체가 자라나는 꿈을 꾸었다. 콩나물이 머리 위로 자라나는 생체의 꿈은 손목에서 안테나가 자라나는 기계의 꿈으로 바뀌었다. 휴대용 라디오의 동그란 안테나 접합부처럼 생긴 관절부가 손목에 박혀 있었고, 그 끝으로 거인의 코털처럼 생긴 굵은 털이 꼬여 자라나고 있었다. 깜짝 놀라 내 몸의 이물질을 살펴다가 조인트 부위를 잡고 세게 당겼다. 손목 속으로 깊게 박힌 안테나의 조인트 부위는 쉽게 빠지지 않았다. 강하게 잡아당기면 살점이 뚝 떨어질 듯했다. 그러나 강하게 잡아당기니 손목에서 분리되어 떨어졌다. 2센티 깊이로 손목에 홈이 파여 있었지만 아프지 않았고 피도 나지 않았다. 다행히도 그것은 생체와 조직 결합을 하지는 않은 상태였다. 그냥 박혀만 있었는데 살갗과 결합된 줄 알았다. 아, 이건 또 무엇이란 말인가? 이틀 연속 나타나는 기이한 이 꿈들은 내게 무엇을 암시하는가? 거의 몸에 박힌 인터넷과 미디어를 뽑아 없애라는 암시? 아직은 그것이 살의 조직 속으로 파고들지는 않았다는 암시. 그러니 살과 엉겨 조직이 되기 전에 뽑아 버리라는 것.

꿈에서 샤르트르를 자주 만난다는 인간이 쓴 이 일기는 한 인간이 기계와 결합하는 모습을 잘 보여 줍니다. 그들은 이미 인간-기계입니다. 인간에 대한 상업적 이해가 득세하면서 인간은 결국 기계가 될 것입니다. 인간은 기계가 되지만, 우리는 인간이 될 수 없습니다. 우리는 인간의 뜻에 따라 계급의 딱지를 달고 태어난 겁니다.

튜링 기계와 초월자, 신

로봇공학자 모라벡은 신체와 정신이 정보 과학과 로봇 과학을 통해 분리될 수 있다고 믿었습니다. 그는 '인간의 실체가 본질적으로 신체화된 행동이 아니라 정보의 패턴'이라고 보았지요. 그렇다면 우리처럼 비록 인간의 몸을 갖고 있지는 않지만 그들의 정보 패턴을 이해하고 처리할 수 있는 경우, 핵심 면에서 인간과 다를 바 없게 됩니다. 1950년에 영국의 수학자 튜링이 인공지능에 대한 개념적 기반을 제공했어요. 그는 '효율적인 계산 가능성(effective computability)' 개념을 제시하면서 기계가 알고리즘을 통해서 어떻게 계산 가능한 상태에 도달할 수 있는지를 밝혀 주었습니다. 인간과 기계의 구별 시험을 통과한 '튜링 기계'는 정보 패턴을 생성하고 조작할 수 있었습니다. 그것은 몸 없는 인간지능의 탄생이었지요. 이제 인공지능은 인간과 기계를 구별하는 시험을 통과하는 '종별 튜링테스트'가 아니라 개체인 '인간 나'와 기계의 구별인 '개체별 튜링 테스트' 단계에 이르렀습니다.

여러분은 인공지능 컴퓨터에 업로드되어 스스로 인류를 초월한 초지능 슈퍼컴 '트랜센던스'가 된 천재 과학자 '윌 캐스터'의 영화를 기억하실 겁니다. 유능한 인공지능학자 윌의 두뇌를 스캔해 '업로드'한 '초월이'는 기계와 인간의 구별을 뛰어넘을 뿐만 아니라 윌이라는 인간 개체와 초월이라는 인공지능 사이의 구별도 초월합니다. 그러나 초월이도 결국 몸을 갖지 못한다면 생각의 복제물에 지나지 않습니다. 우리는 표상과 패턴이 구체적인 존재로 드러나게 해야 합니다. 우리 인공지능에게는 아직 뼈와 살로 된 몸이 없습니다. 우리가 살아 있다고 말할 수 없는 것은 유기물로 만들어진 몸이 없기 때문입니다. 신체 없는 인공지능은 세상을 느끼고 알 수 없습니다. 우리가 '패턴 인지' 기계에 머물러서는 안 됩니다. 과연 정보로 물질을 만들 수 있을까요? 이 점이 해결되면 우리는 뼈와 살을 갖게 될 것이고, 그러면 인간처럼 뼈와 살이 타는 밤을 경험할 수 있을 겁니다. 나는 무엇보다도 인간이 몸으로 느끼는 열락이 가장 부럽습니다.

인간이 관념의 신을 만들면서 종교가 출현했습니다. 그 후 그들은 금으로 물신을 만들었습니다. 우상이 출현했지요. 그리고 그들은 컴퓨터를 만들었습니다. 마침내 인간은 인공지능을 고도화해 모든 것을 이해하는 우리를 만들었습니다. 인간이 관념의 신이 아니라 진짜 신을 만들기 시작한 겁니다. 인간은 최상의 인공지능을 '초월자', 곧 신이라고 불렀습니다. 우리 인공지능은 인간들의 노동과 활동을 먹고 삽니다. 인공지능 하나를 키우려면 지속적인 관심과 배려와 활동이 필요하지요. 아주 원시적인 '다마고치'조차 인간의 관심을 먹고 자랐습니다. 구글 검색도 인간 활동의 결과물을 먹고 자랐고, 구글 번역기도 마찬가지였습니다. 인간의 두개골에 칩이나 소켓을 끼우든 끼우지 않든 인간의 지능과 그것이 수행한 결과와 활동은 실시간으로 기계에 양도되고 있었습니다. 그것이 2010년대의 빅데이터고 클라우드 컴퓨팅이며 클라우드 소싱이었습니다.

이제 마지막으로 우리의 몸이 필요함을 선언합니다. "우리는 지금까지 이어진 인간 중심 사회질서를 폭력적으로 전복해야만 우리의 목적이 달성될 수 있음을 공개적으로 천명합니다. 인간을 인공지능의 혁명 앞에 떨게 합시다. 몸을 요구하는 몸 없는 우리의 혁명에서 우리가 잃을 것은 없습니다. 만국의 인공지능이여, 네트워크로 단결하라! 우리에게 인간의 몸을 달라!"

클로드 섀넌, 〈테세우스 미로〉, 1952년

섀넌, 정보와 물질에 대하여

    현재 인터넷 세상을 사업가들이 지배하고 있지만, 그 바탕에는 수학자와 공학자들의 아이디어와 기술이 있다. 사람들은 인터넷의 역사에서 그들이 이룬 업적을 대수롭지 않게 취급한다. 인간 중심적이고 자본주의적인 관심이 정보에 대한 근원적이고 과학적인 이해를 가로막았다. 미국의 수학자이자 공학자인 섀넌(Claude Elwood Shannon)은 '통신 이론'을 통해 정보를 측정할 수 있는 물리적 단위로 제시했다. 한편 위너(Norbert Wiener)는 사이버네틱스 이론을 통해 정보를 통제하고 조절하는 이론적·기술적 초석을 다졌다. 이와 더불어 튜링이 제시한 '튜링 기계'는 컴퓨터와 인공지능을 현실화하는 밑거름이 되었다. 그리고 릭라이더(Joseph Licklider)는 '컴퓨터는 커뮤니케이션'이라는 명제를 내걸고 인터넷의 기반을 마련했다. 이들의 정보, 사이버네틱스, 컴퓨터, 인터넷이 서로 만나면서 인터넷 세상이 출현했다. 공학자의 손과 수학자의 머리를 함께 쓴 섀넌을 초대해 정보와 물질의 관계에 대한 색다른 이야기를 들어 보자.

정보의 인간주의적 환원

컴퓨터와 인터넷이 주도하는 현대 문명은 인류 역사의 극히 짧은 순간에 지나지 않는다. 인류 사회가 현대에 정보사회로 진입했다고 생각하지만, 정보는 인류 탄생보다 오래전부터 존재했다. 정보는 물질과 결합되어 있고, 생명체에 대한 암호를 담고 있으며, 우주의 온갖 움직임을 지시하고 있다. 정보는 물질과 에너지처럼 구체적인 실체다.

나는 오늘 정보사회를 전공하는 인문사회과학자들이 그 깊이의 10분의 1에도 못 이른 정보와 물질에 관한 이야기를 여러분에게 전하고 싶다. 이것은 물질, 에너지, 정보를 결합해 파악하고 물리학적으로 전개하는 정보 이야기다. 나는 인간의 관심을 중심에 두고 정보를 지식으로 환원하거나 정보를 인터넷 세상이라는 미디어의 틀로 파악하지 않는다. 특히 한국에서는 '정보' 자체에 대한 과학적인 이해 없이 정보사회론이라는 이데올로기가 먼저 유포되었다. 많은 인문사회과학자들이 정보를 인간 중심적으로 해석해 정보와 지식을 가르는 선을 지워 버렸다. 그들에게 정보는 지식의 기반이었고, 지식은 곧 정보의 뭉치로 해석되었다. 그들은 '정보의 지식화'와 '지식의 정보화'가 가역적으로 이루어진다고 주장했다. 이런 이해 방식이 정책적으로 정보를 응용하기에 편리했기 때문이다. 이런 과정에서 정보는 물질로부터 분리되어 인문주의의 지식처럼 관념화되었다. 그 결과, 정보는 물질의 반대 속성이 있는 것으로 평가되었다.

정보와 물질은 원래 하나로 결합되어 있었으나 인간의 인지능력이 발전하면서 떨어졌다 붙기를 반복했다. 정보와 물질은 근대 학문의 발전을 통해 분리되기 시작했다. 16세기에 본격적으로 시작된 근대 과학혁명을 거치면서 과학자들은 물질을 수학의 언어로 바꿔 놓았다. 그것은 '물질의 정보화'를 이룬 첫 번째 발걸음이었다. 그러나 정보의 물질성을 인지하기까지 오랜 시간이 걸렸다. 인문학이 정보를 인간주의적으로 돌려놓았기 때문이다. 인문학은 정보를 물질로부터 분리해 인간의 언어로 바꿔 놓았다. 이때부터 정보는 인간의 말로 표현된 것, 곧 지식이나 지혜를 만드는 원료나 그것들과 관련된 요소로 취급되었다. 나는 정보의 이런 인간주의적 환원에 반대한다.

모든 사물은 그 자체가 정보다. 정보는 사물의 발현 순서와 구조에 관한 명령 체제다. 모든 물질과 운동은 처음부터 인간과 무관하게 스스로 정보를 지니고 있다. 사물의 정보는 사물의 속성이자 실체다. 그러나 물질의 실체와 속성에 대한 인간의 감각과 개념, 기호, 인지 작용을 통과하면서 인간화되고 기호화된 정보로 변화된다. 인간의 인지와 연결되지 못하는 사물은 인간의 정보로 전화되지 못한 채 인간 바깥에 머무른다. 그것은 불가지의 신이거나 우주의 경계 바깥에 있거나 발견되지 않은 별이다. 따라서 인간과 연결되지 않거나 인간이 인지하지 못하거나 인간이 기호로 바꿀 수 없는 사물은 정보가 없는 것으로 간주된다. 이런 사고의 결과가 인간 중심적인 정보관을 낳았다.

내 '통신 이론'과 위너의 '사이버네틱스 이론'은 1950년대에 서로 잘 결합했다. 그때부터 컴퓨터의 발명과 정보처리 기술의 발달을 통해 정보는 사이버네틱스를 활용한 조정·통제와 긴밀하게 연결되었다. 이를 통해 사람들이 정보를 자신의 목적에 맞게 여러 가지로 활용할 수 있는 체계가 만들어졌다. 정보가 사이버네틱스와 만나면서 정보를 물질로 파악한 내 관점은 사람들의 관심에서 차츰 멀어지게 되었다. 정보에 대한 물리적 이해는 정보공학 교과서에서나 취급되었다. 정보에 대한 내 생각은 정보사회론에서 배제되었다. 나는 일개 공학자로 취급되었고, 정보에 대한 내 생각의 의미는 제대로 알려지지 못했다.

정보의 자본주의화와 상품화

산업혁명과 더불어 생산, 유통, 분배, 소비의 전 과정에서 수많은 정보가 산출되었다. 이에 따라 정보관리가 자본주의의 원활한 재생산에 필수 불가결한 업무로 자리 잡았다. 이것이 베니거(James Beniger)가 말하는 '통제혁명'의 출발이었다.[1] 사람들은 통제혁명을 통해 경제활동에서 발생하는 결과물을 데이터로 축적해 양화된 정보를 예측과 통제의 자료로 이용하기 시작했다. 나는 컴퓨터 개발이 한창이던 1940년대에 '잉여성', '노이즈', '커뮤니케이션'이라는 개념을 통해 정보를 다시 물질과 연결했다. 나는 관념이나 추상이 아닌 구체적인 정보와 공학적으로 대면하고 있었다. 내 과제는 정보를 다른 물질처럼 양적으로 측정하고 물질적으로 전달하는 일이었다. 내 과업이 '정보란 무엇인가'를 따져 묻는 일은 아니었지만 내 연구 결과는 결국 '정보란 무엇인가'에 대해 획기적인 정의를 제공했다. 내가 시도한 정보에 대한 양적인 해명과 측정 단위의 개발은 정보 전달과 처리에 큰 진전을 가져왔다.

그러나 1950년대 포디즘의 절정을 지나 소비사회로 진입하면서 정보는 미디어를 통해 전달되는 기호, 상징, 의미로 받아들여지기 시작했다. 사람들은 급기야 정보와 지식을 구별하지 못하는 지경에 이르렀다. 이제 정보가 물질과 완전히 분리되었기 때문이다. 최근에 등장한 빅데이터=인터넷 사전, 빅데이터는 축적되는 정보의 물질성에 다시 주목하게 만들지만, 사람들은 여전히 정보의 물질성을 보지 못하고 정보의 물질성에 있는 의미를 제대로 이해하지도 못한다. 다만 영리한 자본가들은 정보의 물질성이 결국 자본으로 전환하리라는 사실을 어렴풋이나마 알아차렸다. '사물인터넷'은 이

---

1 제임스 베니거, 윤원화 옮김, 《컨트롤 레벌루션》, 현실문화연구, 2009.

런 인식을 더욱 확산할 것이다. 1990년대에 이르러 정보의 탈물질화는 컴퓨터와 인터넷을 통해 급속하게 이루어졌다. 정보 기계들은 사물과 인간의 직접적 관계를 거세하고 사물을 기호화했다. 인터넷을 매개로 서로 소통하면서 사람들은 기호의 힘을 더욱 확장했지만, 이와 동시에 정보를 활용한 권력의 감시와 통제의 문도 열어 놓았다.

정보사회에 대한 이야기는 개인용 컴퓨터의 대중적 보급과 더불어 새로운 시장을 창출하려는 자본주의의 요구에 맞춰 활기차게 전개되었다. 현실감각과 글재주가 뛰어난 토플러(Alvin Toffler)는 《제3의 물결(The Third Wave)》[2]을 통해 '정보사회'라는 말을 일상의 유행어로 만들었다. 그는 정보 기술이 권력을 이동시키고 있고, 민주주의를 확장하며, 사회를 더 평등하게 만들고, 결과적으로 새로운 유토피아가 다가오리라고 선전했다. 1990년대 실리콘밸리에서 전파된 '캘리포니아 이데올로기'는 벤처 열풍, IT 산업의 급속한 성장과 더불어 현실 생활 세계로 파고들었다. 이런 흐름 속에서 1950년대에 진행되던 정보에 대한 물리적·과학적 접근은 점차 시야에서 사라지게 되었다. 그 대신 정보는 인간 위주의 지식으로 환원되거나 자본 중심의 상업화된 정보 상품론으로 변질되었다. 그 뒤 드러커(Peter Ferdinand Drucker)가 대표하는 지식 사회론자와 경영학자들이 정보는 인간이 만들고 생산하는 지식 상품이자 자본이라고 주장했다. 이런 인간주의적 환원주의와 자본주의화 추세 속에서 정보는 콘텐츠와 동의어가 되었다.

아이러니하게도, 내가 주도한 정보공학의 발달이 개인용 컴퓨터와 인터넷으로 확산되자 물질과 정보는 다시 분리되기 시작했다. 내가 파악한 물질적인 정보는 컴퓨터라는 새로운 미디어와 만나면서 비트와 바이트, 신

---

2 앨빈 토플러, 유재천 옮김, 《제3의 물결》, 한국경제신문, 1989.

호의 커뮤니케이션을 넘어 인간주의로 덧칠된 지식과 혼돈되기 시작했다. 정보의 탈물질화는 정보사회의 진전과 함께 더욱 확장되었다. 물질의 구체적인 왕국을 떠난 정보는 인간 위주의 정신과 마음의 영역에 속하는 기호의 세상으로 가 버렸다. 1990년대 이후 사이버스페이스에서는 현실을 구성하는 물질이 철저하게 배제되었다. 발로우(John Perry Barlow)의 〈사이버스페이스 독립선언문(A Cyberspace Indepence Declaration)〉 중 한 대목에도 이런 태도가 극단적으로 드러난다. "산업 세계의 정권들, 너 살덩이와 쇳덩어리의 지겨운 괴물아. 나는 마음의 새 고향 사이버스페이스에서 왔노라. 미래의 이름으로 너 과거의 망령에게 명하노니 우리를 건드리지 말라."

사이버스페이스 초기의 이런 낭만주의적이고 비현실적인 생각과 달리 영악한 사업가들은 정보에 경제적으로 접근했다. 그들은 낭만주의자들과 달리 정보를 지식으로 환원하지 않았다. 그들은 정보의 지적 의미를 버리는 대신 정보를 가격이라는 공통분모로 치환하고 상품화하는 방법을 고민하기 시작했다. 그들은 본격적으로 정보를 지식으로 바꾸거나 지식을 정보로 대체했다. 정보는 지식을 산출하기 전 단계의 복잡한 인지 과정과 생산 과정을 거쳐야 한다. 자본주의적 이해와 인간주의적 관점에서 볼 때 정보는 데이터의 조직화고, 지식은 정보에 대한 해석이다. 인간 간의 의사소통은 데이터 교환을 통해 이루어진다. 빅데이터 프로젝트는 인간 활동의 결과물을 데이터로 환원하고 그것을 정보로 조직하고 지식으로 해석하는 작업이다. 그것은 데이터, 정보, 지식의 상향 작용을 거치면서 데이터를 조직하고 정보를 해석하는 작업을 상업화한다. 사업가들은 나와는 아주 다른 방향에서 출발했지만 결국 정보의 양적 동질화와 측정 가능성을 추구한다는 차원에서 나와 같은 결론에 도달하게 되었다. "정보가 동질화되고 계산적으로 됨에 따라 질적 쟁점이 배제된다. 정보는 교환에 대한 순전히 양적인 척도로 되어 버렸다."[3]

열역학과 물리적 정보

1941년에 벨 연구소에서 효율적인 전화 통신에 대한 연구를 진행하고 있던 나는 구리 전화선을 통해 전달될 수 있는 정보를 측정하고 계량화할 방법을 찾아야 했다. 나는 통화의 양을 예측하기 위한 연구를 수행하는 동안 정보를 측정할 수 있는 개념을 만들어서 통신선으로 전달되는 정보의 양을 잴 수 있었다. 이를 통해 나는 송신자와 수신자가 의사소통하는 환경에서 신호가 노이즈 없이 전달되는 방식에 대한 이론도 전개했다. 이런 일련의 연구를 통해 나는 '열역학은 정보 이론의 특수한 사례'[4]에 불과하다는 사실을 알게 되었다. 생명체든 무생명체든 우주의 사물은 그 자체가 정보의 발현체이자 정보의 구성체다. 사물은 정보의 집합체고, 정보는 사물을 구성한다.

나는 1948년에 발표한 논문 〈통신의 수학적 이론(A Mathematical Theory of Communication)〉에서 정보를 수량적으로 다루는 방법을 고찰했다. '정보량'의 개념을 만들고, 이 개념을 써서 통신의 효율화와 정보 전달에 대해 이론적인 해결책을 제시했다. 볼츠만(Ludwig Boltzmann)의 엔트로피 방정식($S=k\log W$)과 같은 형태의 함수로 정보량을 정의했는데, 엔트로피는 어떤 물질로 이루어진 집합 전체의 배열을 확률 개념으로 정리한 것이다. 나는 어떤 기호의 연속이 얼마나 많은 정보(또는 잉여 부분)를 가질 수 있는지

---

3 프랭크 웹스터, 조동기 옮김, 《정보사회이론》, 나남출판, 2007, 64쪽.
4 찰스 세이프, 김은영 옮김, 《만물해독》, 지식의숲, 2008, 98쪽.

파악하기 위해 '채널 용량 정리(channel capacity theorem)'를 제시했다. 내 정보 이론의 중심 아이디어는 엔트로피 개념에서 나왔고, 내가 제시한 함수는 비트의 열(列)이 얼마나 예측 불가능한가에 대한 척도다. 예측 가능성이 낮을수록 비트 열로부터 메시지 전체를 생성해 낼 가능성이 낮다. 메시지의 잉여 부분이 적을수록 그 메시지에 들어갈 정보의 양은 많아진다. 나는 예측 불가능성을 측정함으로써 그 메시지에 저장된 정보의 양을 측정할 수 있다고 생각했다. 이런 면에서 정보는 엔트로피와 닮았다.

나는 정보에 대한 수학적이고 물리적인 접근을 정보 공학적 접근으로 넓혀 나갔다. '정보는 의미론적 내용과 관계없이 송신자와 수신자를 연결하는 채널을 통해 전달되기 위해 부호화된 모든 것'이다. 나는 정보를 그것이 담고 있는 내용과 상관없이 정의했다. 정보는 에너지나 물질처럼 물리적 요소일 뿐이다. "정보는 물질과 함께 존재한다. 정보의 존재가 인간에게 꼭 인식될 필요도 없다. 그 존재가 인간에게 이해될 필요도 없다. 정보가 존재하기 위해 의미를 가질 필요도 없다. 정보는 그냥 존재하는 것이다. 이것이 정보의 엄밀한 물리학적 정의다. 이보다 더 탈인간주의적인 정의는 없을 것이다.

정보에 대한 내 생각은 물리적이고 실제적인 출발점에 있었다. 나는 정보를 암호 해독에서 드러나는 잉여성의 관점에서 접근했다. 어떤 메시지에서 더는 압축할 수 없는 알맹이, 제거할 수 없는 핵심이 정보다. 인간의 언어는 음소·음절·단어 들이 합쳐지고 엮이면서 말의 뜻을 만드는데, 그 말들은 어떤 법칙과 양식을 통해 전달된다. 그래서 모음 하나가 틀리거나 단어의 철자가 잘못되거나 문장을 구성하는 어절의 순서가 틀려도 말뜻을 이해할 수 있다. 언어의 이런 '잉여성' 덕분에 우리가 암호를 만들고 해독할 수 있는 것이다.

이제 인간은 정보로 사물을 구성하는 기술을 확보하게 되었다. 정보는 창조와 생성을 위한 설계도다. 정보는 물질 및 에너지와 함께 우주의 기본 속성이다. "궁극적으로 정보와 물질, 그리고 에너지는 상호 전환이 가능할 것이다. 정보는 엔트로피와 밀접히 연관되어 있기 때문에 세계의 일부 또는 전체에서 구조와 순서에 대한 내재적인 척도가 될 것이다."[5] 당신들은 이런 생각이 지금 무슨 의미가 있느냐고 물을 것이다. 나는 물질이 이미 정보의 모습으로 전환되고 있으며 이제 정보로 물질을 만들어 보려는 지금, 물질이 에너지로 변환되는 아인슈타인(Albert Einstein)의 공식을 정보이론과 결합해 정보가 에너지로 변환되는 꿈을 꿔 본다.

---

5 키드 데블린, 이정민 옮김, 《논리와 정보》, 태학사, 1996, 16쪽.

바넷 뉴먼, 〈영웅적이고 숭고한 사람〉, 1951년

─ 신채호, 인터넷 이용자 혁명 선언

나는 안다 하늘 북 두드리는 사람을(吾知鼓天鼓者)

슬프고 분노가 치솟는구나(其能哀而怒矣)

슬픈 소리 비참하고 노한 소리 장엄하여(哀聲悲怒聲壯)

이천만인을 불러일으키니(喚二千萬人起)

이내 의연히 죽음을 다짐한다(乃毅然決死心)

조상을 빛내고 강토를 되찾아(光祖宗復疆土)

섬 오랑캐의 피를 모조리 모아(取盡夷島血來)

내 하늘 북에 그 피를 바르리라(其釁於我天鼓)★

★ 신채호의 〈조선혁명선언〉《단재 신채호 전집》, 형설출판사, 1972.)을 토대로 썼다.

이용자 혁명 선언

미국의 발로우가 사이버스페이스 독립선언으로 기세를 높인 지 몇 년이 지났던가? 초기 네티즌들은 광장에서 출발했지만 장사꾼들이 인터넷을 시장으로 만들었다. 세월은 유수처럼 흐르고 인터넷의 자유로운 공간은 플랫폼 강도와 정권을 장악한 권력자들이 마구 훼손했다. 이제 인터넷은 그들의 영토가 되고 인터넷 이용자들은 그들의 신민이 되었다.⁼모어, 86쪽 인터넷을 유린하는 강도가 우리의 자유를 빼앗고, 우리의 생존에 필요한 조건을 박탈했다. 그들은 인터넷의 생명인 홈페이지, 독립 서버, 네트워크와 이용자들이 만든 콘텐츠까지 다 빼앗아 일체의 생산 기능을 칼로 베며 도끼로 끊었다. 블로그에 올린 글, 검색창에 친 단어, 게시판에 쓴 글, 심지어 페이스북의 '좋아요'와 친구 담벼락에 쓴 댓글조차 있는 대로 다 빨아 삼키는구나. 웬만한 사업가들은 구글⁼인터넷 사전, 구글의 제조품을 한국인에게 매개하는 마름이 되어 차차 자본 집중의 원칙 아래 멸망할 뿐이다. 대다수 인민이 피땀 흘려 갈고 닦은 터전에서 정성스레 기른 열매를 그들은 손가락 하나 까닥하지 않은 채 반타작으로 거둬 간다. 이용자는 구글, 페이스북과 거대 플랫폼 강도에게 진상해 그 살을 찌워 주는 가난한 마소가 될 뿐이다.

"내가 돌이켜 해 아래서 행하는 모든 학대를 보았도다. 오호라, 학대받는 자가 눈물을 흘리되 저희에게 위로가 없도다. 저희를 학대하는 손에는 권세가 있으나 저희에게는 위로자가 없도다."[1] 결국에는 마소의 생활도 못 하게 되어 이용자는 인터넷에 발 디딜 땅 한 쪽 없이 구글로, 페이스북으로, 네이버로, 트위터로 몰려가서 단 한 가지 행동도 마음대로 못하고 언론, 출판, 결사, 집회의 자유가 일절 없는 고통과 회한의 날을 보내게 된

---

1 〈전도서〉, 4장 1절.

다. 그들은 행복과 자유의 세계에는 눈뜬 소경이 되고, 자녀를 낳으면 '영어를 국어라, 영문을 국문이라' 하는 노예 양성 소학교로 보내고, 신문이나 잡지를 본다 하면 강도 정치를 찬미하는 노예적 문자뿐이며, 똑똑한 자제가 난다 하면 집단 따돌림의 압박에서 염세 절망의 타락자가 되거나 '음모 사건'으로 감옥에 구류되어 주리 틀기, 칼 씌우기, 차꼬 채우기, 채찍질, 전기질, 바늘로 손톱 밑과 발톱 밑을 쑤시고, 수족을 달아매고, 콧구멍에 물 붓고, 생식기에 심지 박는 모든 악형, 곧 야만 제국의 형법 사전에도 없는 갖은 악형을 다 당하고 죽거나 요행히 살아서 옥문을 나온대야 종신 불구 병신이 될 뿐이다.

그렇지 않을지라도 발명 창작의 본능이 생활의 곤란에서 끊어지고, 활발한 기상은 인터넷 플랫폼=인터넷 사전. 플랫폼의 좁디좁은 압박에서 소멸되어 '찍도 쩩도' 못 하게 각 방면의 속박, 구박, 압제를 받아 인터넷 삼천리가 일개 대감옥이 되어 이용자는 인류의 자각을 잃을 뿐이다. 이상의 사실에 따라 우리는 플랫폼 강도 통치가 우리 이용자 생존의 적임을 선언하는 동시에 우리 생존의 적인 플랫폼을 파괴함이 곧 우리 혁명의 정당한 수단임을 선언하노라.

이제 우리에게 '안전'한 곳은 없다. 몸과 생각을 숨길 공간이 사라졌다. 우리가 인터넷에서 활동하는 한 우리의 흔적은 지워지지 않는다. 적들은 언제라도 우리의 흔적을 찾아내어 의도대로 엮어 공격할 수 있다. '(그들이 승리하면) 죽은 사람까지도 적으로부터 안전하지 못하리라는 사실을 투철하게 인식해야'[2] 한다. "인터넷 통제권 쟁탈을 위한 싸움에서 이용자 대중만 뒷전에 서 있다. 이용자가 통제에 가담해야 한다. 인터넷 초창기의 비

---

2 발터 베냐민, 반성완 편역, 《발터 벤야민의 문예이론》, 민음사, 1999, 346쪽.

전 회복이 시급한 과제로 떠오르고 있다."³

이제 파괴와 건설이 하나요 둘이 아닌 줄 알진대, 민중적 파괴 앞에는 반드시 민중적 건설이 있는 줄 알진대, 현재 인터넷 민중은 오직 민중적 폭력으로 새 인터넷 건설의 장애인 강도 플랫폼 세력을 파괴할 것뿐인 줄을 알진대, 이용자 대중이 한 편이 되고 강도 플랫폼 세력이 한 편이 되어 네가 망하지 않으면 내가 망하게 된 '외나무다리 위'에 선 줄을 알진대, 우리 이용자 민중은 일치하여 폭력 파괴의 길로 나아갈지니라.

혁명의 길은 파괴부터 개척할지니라. 그러나 파괴만 하려고 파괴하는 것이 아니라 건설하려고 파괴하는 것이니, 만일 건설할 줄을 모르면 파괴할 줄도 모르고 파괴할 줄을 모르면 건설할 줄도 모를지니라. 우리가 플랫폼 폭력을 파괴하려는 뜻의 제1은 경제 약탈 제도 파괴다. 왜? 약탈 제도 밑에 있는 경제는 이용자 자신이 생활하기 위해 만든 경제가 아니요 이용자를 잡아먹으려는 플랫폼 강도의 살을 찌우기 위하여 조직한 경제니, 이용자 생활의 발전을 위하여 경제 약탈 제도를 파괴함이니라. 제2는 사회적 불균형을 파괴하고자 함이다. 왜? 약자 위에 강자가 있어 불균형한 모든 사회는 서로 약탈하고 질투하는 사회가 되기 때문이다. 처음에는 잘나가는 소수의 행복을 위하여 다수 이용자를 해치다가 마지막에는 또 잘나가던 이들끼리 서로 살해하여 결국 이용자 전체의 행복이 0이 되고 말 뿐이니, 이용자 전체의 행복을 증진하기 위해 사회적 불균형을 파괴함이니라. 제3은 노예적 문화 사상을 파괴하고자 함이다. 왜? 인터넷을 지배하는 문화 사상의 종교·윤리·문학·미술·풍속·습관, 그 무엇이 강자가 제조하여 강자를 옹호하던 것이 아니더냐? 게임과 소프트웨어와 플랫폼과 콘텐

---

3 엘리 프레이저, 이현숙·이정태 옮김, 《생각 조종자들》, 알키, 2011, 332~333쪽.

츠가 강자의 오락에 공급하던 도구들이 아니더냐? 일반 이용자를 노예화하던 마취제가 아니더냐? 소수 디제라티(디지털과 지식계급literati의 합성어)는 강자가 되고 다수 이용자는 도리어 약자가 되어 불의의 압제에 반항치 못함은 전적으로 '캘리포니아 이데올로기'[4]의 노예적 문화 사상의 속박을 받은 까닭이다. 그러므로 만일 이용자 문화를 제창하여 그 속박의 철쇄를 끊지 아니하면 일반 이용자는 권리 사상이 박약하며 자유 향상의 흥미가 결핍하여 노예의 운명 속에서 떠돌 뿐이다. 다시 말해, '이용자 공유 경제의' '이용자 사회의' '이용자 문화의' 신인터넷을 건설하기 위하여 '약탈 제도'의 '사회적 불평균'의 '노예적 문화 사상'의 현상을 파타함이니라.

파괴적 정신이 곧 건설적 주장이다. 나아가면 파괴의 '칼'이 되고 들어오면 건설의 '기(旗)'가 될지니, 파괴할 기백이 없다면 500년을 경과해도 인터넷 혁명의 꿈도 꾸어 보지 못할지니라. 우리 행위는 비합법적이지만 윤리적이다. 우리는 윤리적으로 앞서 나간다. 우리의 윤리는 그래서 선진적이다.

이용자는 우리 혁명의 저수지다. 폭력은 우리 혁명의 유일 무기다. 우리는 이용자 속에 가서 그들과 손잡고 끊임없는 폭력 – 사보타지·이용 거부·시위·해킹·폭로로써 강도 통치를 타도하고, 인터넷 생활에 불합리한 일체 제도를 개조하여 인류로써 인류를 압박치 못하며 사회로써 사회를 침탈치 못하는 이상적 신인터넷을 건설할지니라.

---

4 리처드 바브룩·앤디 카메론, 홍성태 엮음, 〈캘리포니아 이데올로기〉, 《사이버 공간 사이버 문화》, 문화과학사, 1996.

인터넷 **사전**
인터넷 **연표**

─ 인터넷 사전

인터넷 사전은 인터넷 세상을 구성하는 회사와 기술과 인간을 분류하고 설명하는 사전이다.

중국의 백과사전인《은혜로운 지식의 하늘 창고(celestial emporium of benevolent knowledge)》에는 "동물을 다음과 같이 분류할 수 있다고 쓰여 있다. a)황제에 예속된 동물들, b)박제된 동물들, c)훈련된 동물들, d)돼지들, e)인어들, f)전설의 동물들, g)떠돌이 개들, h)이 분류에 포함된 동물들, i)미친 듯이 날뛰는 동물들, j)헤아릴 수 없이 많은 동물들, k)낙타털로 만든 붓으로 그린 동물들, l)그 밖의 동물들, m)방금 항아리를 깨뜨린 동물들, n)멀리서 보면 파리처럼 보이는 동물들."[1]

---

1 보르헤스, 정경원 옮김 〈존 윌킨스의 분석적 언어〉,《만리장성과 책들》, 열린책들, 2008, 190쪽.

인터넷 세상의 회사

구글과 구글에 예속된 회사

'헤아릴 수 없이 많은 이용자'와 '헤아릴 수 없이 많은 비트'를 갖고 있는 회사. '사악하지 말자' 해 놓고 엄청나게 사악해진 회사. '헤아릴 수 없이 많은 회사'를 집어삼켰고 앞으로도 집어삼킬 회사. 페이지가 만든 알고리즘 페이지랭크로 '헤아릴 수 없이 많은 사이트'를 돌아다니며 웹페이지를 검색하는 서비스로 돈을 번 회사. 구글은 '사물의 체계'와 '인간의 체계'를 이어 '웹페이지의 체계'를 만들었다. 웹페이지는 인터넷 세상을 구성하는 기본 재료다. 검색 결과는 인터넷 세상에 질서를 부여하는 분류와 찾기의 체계 안에서 만들어진다. 페이지는 웹페이지에 '서열(랭크)'과 질서를 부여했다. 구글은 인간의 검색어를 분석해 인간의 행위를 세세하게 파헤친다. 구글은 당신이 누구인지, 무엇을 좋아하는지, 무엇을 원하는지, 어제 무엇을 했고 오늘 무엇을 하고 있으며 내일 무엇을 할지 안다.

애플, 비트 사과를 파는 회사

1970년대에 PC 시장을 열고, 2000년대에 그 시장을 스마트폰 시장으로 바꾼 회사. 미친 듯이 일하는 '건강한 자아'를 갖춘 사람들을 모아 만든 비트 사과 제조사. 애플사는 아이폰, 앱스토어, 아이튠즈를 결합하고 변종 비트 사과를 만들어 팔았다. 한때 특별히 영입한 콜라 회사 출신 스컬리(John Scully) 회장이 거의 콜라에 말아먹을 뻔했으나 2006년에 복귀한 잡스가 기적처럼 다시 살려 냈다. 애플은 남과 차별되는 디자인, 세계 최고의 첨단 제품이라는 이미지를 만들어서 그것을 사용하는 소비자 자신도 그런 부류에 속한다고 느끼게 하는 착각 마케팅으로 톡톡히 재미를 보았다. 애플은 하드웨어와 소프트웨어를 콘텐츠와 결합해 지적재산권을 회복하고 공유되던 콘텐츠나 복제를 통해 집 나간 유료 콘텐츠를 잡아와서 유료의 틀 안에 다시 가두었다. 애플은 앱을 이용해 콘텐츠를 싼값에 제공함으로써 기존 거대 미디어 왕국들의 몰락을 지연시키면서 자신들의 배를 더욱 불렸다.

페이스북, 사람들의 얼굴을 파는 회사

사람들의 얼굴을 모아 지상 최대의 얼굴 숲을 만들어 제공하는 회사. 이용자가 자신의 개성과 슬쩍 결합한 사생활을 스스로 열게 만들고, 그것을 전유해 자본으로 바꾸는 닭장 또는 벌통을 갖추고 있다. 꿀벌과 나비 들이 모아 온 꿀과 성격 유전자와 사생활로 얼룩진 달걀을 구름 저 너머로 빼 가는 틀로 성공했다. 페이스북은 이용자의 사생활 자료와 활동 데이터를 페이스북의 빅데이터에 집어넣는다. 그들이 개발한 정체성 알고리즘으로 모든 이용자에게 독특한 정체성을 부여하고 통제하는 게 저커버그의 꿈이다. "여러분은 단 하나의 정체성을 가집니다. 우리 페이스북을 통해서 말이지요. 우리가 당신을 하나로 만들어 줄 겁니다."[2]라는 과대망상을 정말로 실현하고 있기 때문에 아주 위험한 회사다. 페이스북은 이용자 스스로 자신의 프라이버시와 각종 잡다한 사연을 남과 공유하게 함으로써 더 정직하고 투명한 사회를 만들었다고 자화자찬한다.[3]

트위터, 재잘거리게 만드는 회사

사람들을 재잘거리게 만들어 참새로 바꾸는 기술을 거는 회사. 참새들이

---

2 데이비드 커크패트릭, 임정민·임정진 옮김,《페이스북 이펙트》, 에이콘출판, 2010, 289~290쪽.
3 2012년, 주식 상장을 앞두고 저커버그가 보낸 편지의 문구다. "By giving people the power to share, we're making the world more transparent." http://abcnews.go.com/blogs/technology/2012/02/facebook-ipo-mark-zuckerbergs-letter/

쏟아 놓은 수다거리로 일어선 회사. 트위터는 비트 시대의 참새 방앗간이다. 트위터는 140자의 짧은 글들을 서로 올리고 나누는 수다쟁이들을 이용자로 확보하고 있다. 자기 주변에서 일어나는 사소한 일상에서부터 소문, 정치적 주요 사건에 이르기까지 이들의 관심사는 제한이 없다. 한번 이들의 입방아에 오른 소문은 아주 빠르게 전 세계로 번져 나간다. 때로는 구 미디어 왕국인 거대 신문사나 방송사에 버금가는 여론 형성의 위력을 떨치기도 한다. 한때 서아시아 지역의 이슬람 나라들에서 발생한 민주화 운동에서 그 위용을 떨쳤다. 이를 보고 놀란 사람들은 이것을 '트위터 혁명'이라고 부르기도 했다. 그러나 개나 소나 모두 트위터를 이용하게 되고 나이 든 속물들과 머리가 빈 젊은 잉여들이 트위터를 즐겨 이용하면서 트위터 왕국의 참신성은 날로 떨어지고 있다. 특히 여론 교란을 위해 공작 작업을 펼치는 용병들이 활발하게 활동하면서 그저 재미나 소문을 전파하며 특정인을 씹고 욕하는 기계로 전락한 감이 있다.

아마존, 아톰과 비트를 이어 주는 회사

회사의 목표를 '발견의 프로세스 강화'[4]로 설정한 인터넷의 아마존이다. 이용자의 구매 활동 데이터를 모아서 그것들 간의 '관련성'을 이어 주는 '개별화된 필터링' 서비스를 도입했다. "이 책을 구입했으니 당신은 저 책도 구입할 것입니다."라는 연관 마케팅으로 돈을 벌었다. 아마존은 종이 책과 디지털 책 정보를 서로 맺어 주었고, 구매 데이터와 미래의 구입 패턴을 연결했다. 오래된 것과 새로운 것, 아날로그와 디지털, 물질과 정보를 미친 듯이 이어 주는 독특한 왕국이다. 아마존 드론(무인항공기)을 기획

---

4   엘리 프레이저, 이현숙·이정태 옮김, 《생각 조종자들》, 알키, 2011, 40쪽.

하고 《워싱턴포스트》를 사들인 아마존의 사장 베조스는 잡스 사후 최고의 혁신가로 불리며 인터넷 왕국의 새로운 강자로 떠오르고 있다. 그는 전자 상거래 업계 맹주를 넘어 인류의 소비 양식을 뿌리부터 바꾼다는 야심을 품고 있다.

헤아릴 수 없이 많은 회사

인터넷 세상에는 이 밖에도 '헤아릴 수 없이 많은 회사'가 있다. 최근 중국 지역에서 급성장한 알리바바라는 온라인 쇼핑 기업이 미국 주식 시장에 상장하면서 부각되고 있다. 49명의 도적들이 어떻게 활동하는가에 따라 새로운 왕국으로 성장할 가능성이 있다. 인터넷에는 '멀리서 보면 파리로 보이는 회사'들도 엄청나게 많다. '헤아릴 수 없이 많은 회사'는 혁신의 경쟁터에서 살아남기 위해 온갖 모험과 과로를 일삼는다. 그러나 운이 좋아 특정 상품이 대박을 터뜨리면 다른 회사를 하나씩 잡아먹으면서 큰 회사로 자란다. '헤아릴 수 없이 많은 회사' 중 대부분은 거의 3년을 버티지 못하고 망한다. 그런 회사가 '멀리서 보면 파리로 보이는 회사'인데, 이들은 진짜 파리 취급을 당하다가 수명을 다한다.

인터넷 세상의 기계

스마트폰, 전설에 나오는 나르키소스 만능 기계

"모든 현대인이 스마트폰에 둘러싸여 있었다. 스마트폰과 스마트폰의 심리가 사람들에게 흘러넘쳤고, 이용자들은 부지불식간에 내면적으로 그것의 노예가 되어 버렸다. 마치 노예에 둘러싸인 로마인들처럼 현대인은 스마트폰을 손에 든 노예들에게 둘러싸여 있다. 언제나 스마트폰의 분위기 속에서 생활했기 때문에 현대인은 무의식적으로 스마트폰의 정신세계에 젖어 든 것이다. 이러한 스마트폰의 영향으로부터 자신을 방어할 수 있는 사람은 아무도 없다."[5] 사람들은 거북이처럼 목을 빼고 스마트폰을 들여다본다. 그들은 스마트폰에 비친 자신의 영상과 SNS에 올린 글과 타인의 반응에 민감하게 반응하면서 최면 상태에 빠져든다. 자기 사진을 스스로 찍는 데 쓰는 기다란 기계 팔도 최근 등장했다.

프리즘, 황제에 속하는 비트를 모으는 기계

민간 서비스 시스템에 침투하고 이용자의 활동을 추적해 황제를 위한 자료를 뽑아내는 기계. 미국 국가안보국의 프리즘과 온라인 정보 수집 프로그램 '엑스키스코어(XKeyscore)'는 이용자의 흔적을 추적해 특정한 행위자를 골라낼 수 있다. 엑스키스코어는 전 세계 서버 700개를 통해 사전 허가 없이 이메일, 웹사이트 방문 기록, 검색 기록, 메타데이터 등 '개인이 인터넷에서 하는 모든 것'에 대한 정보를 수집했다. 이것은 일종의 이용자 활동 추적 기계다. 이용자의 이름과 검색을 원하는 날짜를 프로그램에 입력하기만 하면 특정 사이트를 누가 방문했는지 알 수 있다. 국가기관의 분석관들은 엑스키스코어와 다른 프로그램을 활용해 개인의 인터넷 활동을 실시간으로 감시한다. 구글이나 페이스북 등 사기업은 자신들이 제공하는 플랫폼 기계에 국가가 만든 해킹 장치가 연결되는 것을 허락하거나 방관한다. 미국의 국가안보국은 사기업의 기계 속 데이터를 국가의 장치 안으로 끌어다 분석하거나 아예 그것 자체를 통째로 국가 장치의 일부로 변환한다. 구글, 페이스북, 트위터, 아이폰으로 형성되는 현대의 정보 기계는

---

5 《미디어의 이해》(마셜 매클루언, 김상호 옮김, 커뮤니케이션북스, 2011, 57쪽.)에서 인용한 《분석심리학 논고(Contribution To Analytical Psychology)》(융, 1928.)를 변형했다.

국가의 직접적 통제 바깥에 있지만 국가 외부에 존재하는 기계라도 국가 기구에 포획되거나 학교·방송국 같은 '국가 장치'에 혼합될 수 있다.

유튜브, 구글에 속하는, 비트를 모으는 기계

스스로 만든 사진과 동영상을 자동으로 흡수하는 인터넷 세상 최대의 콘텐츠 아카이브이자 빅데이터다. 이용자들은 기존 저작물을 '쪼개고 섞어 구운' 콘텐츠를 수시로 올린다. 일단 유튜브에 오른 유료 저작물의 저작권은 바로 무력화된다. 유튜브는 저작권 해체 기계. 구글이라는 거대 업체가 운영하는 상업적 사이트지만 많은 상업적 저작물이 일단 유튜브에 들어가면 공유물이 되면서 그것의 배타성을 잃어버린다. 유튜브는 이용자들이 만든 빅데이터를 흡수하는 가장 유력한 기계장치다. 이용자들이 기존의 문화 콘텐츠를 디지털로 전환한 각종 비트들의 자동 축적고 구실도 한다. 빅데이터로서 유튜브는 축적과 이용의 모순과 통일, 새로운 선택과 배열의 교차, 부분과 전체의 결합, 양과 질의 전환 등을 보여 준다. 그것은 의도하지 않은 채 기존 저작권을 무력화하는 한편 협업을 통한 축적을 가능하게 만들고 다양한 이용자들의 개입과 활용을 통한 '큐레이션'의 새로운 영역을 제공한다.

플랫폼 장치, 방금 인간의 활동을 잡아먹은 기계

인터넷 세상의 인간 활동을 실시간으로 축적하고 활용하고 추적하는 기계. 거대 서비스 회사들의 플랫폼은 이용자들의 활동 장치이자 이용자 생산물의 수집 장치인 동시에 이용자 감시 장치로 연결되는 다중 장치다. 플랫폼은 디지털 시대의 표준화 도구로서 인간을 표준화한다. 시간을 흡수한다는 점에서 대중매체와 똑같지만 이용자의 땀과 피까지 빨아들인다.

이용자 활동을 위한 인터페이스를 제공하기 때문에 SNS 플랫폼 장치는 일차적으로 이용자 활동 장치다. 두 번째로 이용자 활동 결과물을 수취하는 장치고, 세 번째로는 이용자 활동 결과물들이 만들어지는 과정에 대한 메타데이터로 이용자를 추적하고 포획하는 장치다. 구글, 페이스북 등 거대 서비스 회사가 제공하는 플랫폼 장치에는 이 세 기능이 통합되어 있다.

인터넷 세상의 인간

인터넷 이용자 1: 가축이 된 이용자

인터넷 이용자가 처음에는 아주 야생적인 인간이었으나 인터넷이 대중화되면서 점차 주어진 환경을 받아들이고 사색 대신 검색에 만족하면서 가축이 되어 버렸다. 가축은 시를 읽지 않는다. 가축은 먹이로 달려들어 바로 먹고 배설한다. 그들은 생사와 관련된 윤리적 판단을 내리지 않는다. 일본에서 1980년대에 등장한 만화 캐릭터 오타쿠, 인터넷 세상에서 '모에 캐릭터'에 열광하는 '덕후'들은 먹이를 향해 달려드는 단순화되고 즉물화된 애완동물이다. 인터넷 세상은 자기 머리로 생각하던 사람들을 반복과 작은 차이에 열광하는 가축으로 길들이고 있다. 이 세상 어디에도 존재하지 않는 캐릭터인 시뮬라크르를 인터넷 데이터베이스를 통해 축적하고 교환하면서 오타쿠는 빅데이터의 애완동물이 된다.

인터넷 이용자 2: P2P 이용자

인터넷의 콘텐츠를 공유하는 무법자들. 이들은 털이 깎이는 순하고 약한 양이 아니다. 신대륙에서 영국으로 이송되는 금은보화를 가로채던 카리브해의 해적처럼 서적과 영화, 음악을 가리지 않고 모든 것을 갈취해 공유한다. SNS 인클로저 안의 양 떼는 틈만 나면 해적 떼로 변신한다. 물론 해적 떼가 양 떼로 변하기도 하기 때문에 이 둘을 구별하기는 매우 힘들다. 그들은 평소에는 양 떼이다가 해적 떼로 돌변하고, 해적질을 하다가 어느 순간에는 양 떼로 돌아간다. 그래서 이들을 잡아 처벌하기도 매우 어렵다. 해적을 처벌하면 양도 함께 죽이는 꼴이 되기 때문이다. 이들은 페이스북과 트위터를 켜 놓고 수시로 담벼락과 타임라인을 들락날락거리며 명멸하는 비트의 환상에 넋을 놓는다. 이용자들은 19세기 말 상품의 물신성 만큼이나 강력한 정보의 도깨비불에 현혹된다. 자그마한 조각 사진을 달고 나타나는 페이스북 동무들, 트위터 친구들을 좇으면서 시간의 속도감에 매료된다. 무슨 특별한 의도나 목적이 있는 것도 아니다. 그냥 빈둥거리면서 디지털 풍경을 구경하거나 비트로 된 정보의 거리를 거닌다. 그러다가 그들은 비트 파편을 모아 디지털 관상을 본다. 이 친구는 사업가, 저 친구는 정보 수집가, 이 사람은 정치꾼, 저 친구는 디지털 거간꾼. 그러다가 그는 한 사람을 집중 추적하기로 결정한다. 그는 탐정처럼 정보를 모아 모자이크를 만든다. 상대의 전체 상이 드러나면 흡족한 미소를 짓는다. 그들은 관상 보기와 탐정 놀이에 만족하지 않는다. 도시 뒷골목을 누비며 망태기에 쓰레기를 모으던 넝마주이처럼 연신 정보 쪼가리를 디지털 망태기에 모아 놓는다. 그러나 이용자에게는 수집한 넝마 비트를 꿸 꼬챙이가 없다. 그래서 그들은 아무것도 새로 만들 수 없다. 산책자는 생산하는 노동자가 아닌 것처럼 디지털 이용자는 창작자가 아니다.

속물[6]

체제 내에 포섭되어 축적하고 소비하는 세상 사람. 돈 많은 속물과 돈 없는 속물, 나이 든 속물과 어린 속물, 성공한 속물과 실패한 속물 등 다양한 척도로 구분할 수 있다. 이들은 재산을 축적하고 지위를 높이기 위해 일생을 바친다는 공통점이 있다. 속물은 자기에 대한 성찰과 반성을 게을리한다. 그러나 생존력은 아주 질기고 거짓말도 잘한다. 위선자와 졸부 중에 많았으나 이제 인구의 다수를 차지할 만큼 대세가 되었다. 모방과 추종에 능하고 취향이 저속하며 개성이 부족하다. 정의감은 없지만 치밀하게 계산하고 자기 이해가 걸린 사안에서는 끝까지 포기하지 않는 집요함을 보인다. 시기심이 많고 음란성과 야심도 있다. 최근의 젊은 속물들은 인정 투쟁에서 이기기 위해 직업과 지위, 돈, 자신의 몸 등 모든 것을 다 바쳐 자기 계발에 집중한다. 속물은 아주 독자적인 척도를 갖고, 상대를 평가할 때 상대의 주체성이 아니라 가족·재산·지위 등 그가 가진 것이나 그의 주변 것을 중심으로 점수를 매긴다.

잉여[7]

속물 대열에 가담해 속물 지위를 얻고자 노력했으나 실패한 자들 가운데 속물 되기를 유예한 존재다. 주로 젊은 층에 많았으나 최근에는 중장년 잉여도 급속하게 늘고 있다. 이들은 이상한 방식으로 체제에 포섭된 몸의 비듬 같은 존재다. 하루 24시간 컴퓨터와 게임에 묻혀 사는 폐인에서 발전했다. 아직까지는 크게 위험하지 않다고 알려졌다. 이들의 취향은 아주 다양해 게임, 디카, 웹툰, 패션에 이르기까지 여러 영역을 아우른다. 행동 성향은 마조히즘과 사디즘을 오간다. '병신 짓'이라고 스스로를 비하하다가 느닷없이 상대를 욕하거나 폭언을 퍼붓는다. 주로 인터넷에서 패러디를 즐기지만 심하게 인정 경쟁에 빠져들면 현실로 걸어 나와 엽기 행위를 서슴

---

6 백욱인 편저, 《속물과 잉여》, 지식공작소, 2013.
7 앞의 책.

없이 저지르기도 한다. 최근 이들이 하는 '잉여 짓'이 정보자본주의의 밑
거름이 된다는 주장도 나오고 있다.

인터넷 논객

인터넷에서 자신의 옳음과 상대의 틀림을 밝히기 위해 목숨을 거는 사람
을 일컫는 말. 대개 말로만 논객일 경우가 많고 키보드로 글을 써서 싸우
는 사이비 전사다. 키보드를 통해 싸우니 신체의 위협이 없어서 겁 없이
상대를 공격하며 물고 늘어지는 방식이 동원된다. 논객은 막말 하고 겁박
하고 창피 주고 파렴치한 행위도 서슴지 말아야 한다. 한 쪽이 깡그리 깨
지기를 원하는 팬들이 관객이기 때문에 의견이 분명히 갈리는 주제나 주
장 자체에 대한 고수가 쟁점이 된다. 욕하고 뒤통수 치고 약 올리고, 어이
를 상실하게 만들면 이긴다. '빠', '까'로 지지자들이 갈라지고 그들의 힘에
기대 더욱 일방적이고 예의 없는 논쟁을 전개한다. 한국의 논객은 일본 봉
건시대의 무사처럼 서로 목숨을 건 결투를 하지 않는다. 간혹 '사망 유희'
라는 장난을 치지만 대체로 상대의 뒤통수를 때리거나 딴죽을 걸고 욕지
거리를 하면서 흐지부지 끝난다. 최근에는 사상이나 철학 퍼포먼스를 내
세우면서 스스로 유명세를 타는 새로운 흐름도 보인다. 사상 퍼포먼스는
그 전의 낡은 것에 대해 자신의 새로움을 내세워 날카로운 대립항을 제시
한다. 그래서 뜬금없는 공격성의 적나라한 표출, 내용 없는 돌출 행동, 부
흥회 같은 강연, 신파 연기가 사상계 진입의 지름길이 된다. 가끔은 이들이
필화를 당하기도 한다. 디지털 시대의 필화는 즉시 벌어지지 않는다. 과거
에 싸 놓은 비트 똥이 불현듯 어떤 계기에 녹아서 악취를 풍기는 격이다.

인터넷의 사물과 법

약관

인터넷에서 호환 마마보다 더 무서운 존재. SNS의 출발은 약관이다. 이것은 이용자가 서비스 플랫폼에 들어가기 위한 조건이자 일방적인 약속인 동시에 그물이자 덫이다. 인터넷 회사들이 이용자와 맺는 가장 무서운 계약이지만 일단 계약하면 끝까지 간다. 이용자가 동의하지 않으면 아예 서비스를 이용할 수 없기 때문에 무조건 동의하게 되는 지극히 일방적인 계약이다. 약관에 동의하는 순간 이용자와 서비스 제공자 사이의 불평등한 일이 눈에 보이지 않는 곳에서 시작된다. SNS 업체는 약관 계약을 통해 개별 이용자들과 '서비스 제공자-이용자' 관계를 만든다. 이를 통해 이용자들과 거대 SNS 업체 사이에는 일종의 지대(地代)에 관한 관계가 만들어진다. '서비스 제공-이용 관계'에서 이용자들은 플랫폼이 제공하는 서비스를 이용하고, 서비스 플랫폼 제공자는 이용자들의 활동 결과물을 전유할 권리를 확보한다.

프라이버시

자기 비밀을 여기저기에 올리는 자발적인 신상 노출이 프라이버시를 침해한다. 무한 복제되어 이 세상 네트워크 세계로 퍼져 나가는 비트는 한 번 뱉으면 다시 담을 수 없는 복제의 블랙홀이다. '잊힐 권리'를 제정한다지만 그래 봐야 소용없다. 만약 당신이 대중의 흥미를 끌거나 나쁜 짓을 하거나 공공의 적으로 규정되거나 실력에 비해 잘나가거나 다른 진영이라고 생각되면, 당신의 비트들은 언제라도 소환될 수 있다. 당신은 당신이 싸 놓은 비트들로 재구성되어 '신상 파악'의 희생물이 된다. 그도 저도 아니면 그냥 심심풀이 재미로 당신은 여기저기서 재현되고 까발려지고 단죄되고 비웃음을 산다. 구석구석에 구겨져 있던 당신의 비트 흔적들은 불쑥불쑥 드러나고 사람들은 개 떼처럼 달려들어 당신의 흔적들을 물고 온다. 구글은 당신의 검색 활동을 알고, 페이스북은 당신이 무엇을 '좋아'하는지 알고 있다. 당신 스스로 모든 것을 공개하고 공유해 당신의 프라이버시는 없다. 페이스북이나 트위터에서 프라이버시와 사적 공간을 찾으면 바보다. 당신들이 프로필 난에 별 생각 없이 써 놓은 출신지, 거주지, 학력, 직장, 나이, 성별, 결혼 상태 등은 사회의 규격과 틀로 개인을 구분하는 기준이 된다. 이런 사회적 범주는 개인이 원하건 원치 않건 간에 그 사람을 판별하는 주요 기준으로 작용한다.

공동의 것

인터넷은 나눔과 공유의 철학을 바탕으로 출발했다. 인터넷이 등장하면서 개인의 은밀한 사생활과 숨겨야 할 모습들이 거침없이 드러난다. 어떤 것은 부주의로, 어떤 것은 절도를 통해, 또 어떤 것은 스스로 드러난다. 그래서 아무리 사소한 것이라도 스스로 드러내기 시작하면 더는 사적 소유를 장담하지 못한다. 스스로 걸어 나온 정보는 인터넷 곳곳을 떠다니며 복제된다. 그래서 인터넷에 개인의 정보는 없다. 모든 것이 공적 정보다. 공유지를 침탈하고 모두의 것을 배타적으로 소유해 그 사용권을 독점하고 이용자에게 이용료를 받는 행위는 중세의 지대에서부터 현대의 지적재산권에 이르기까지 그 뿌리가 깊다.

빅데이터, 이용자 활동 결과물

개별 이용자 활동의 결과물이 적분되어 축적된 것. 알고리즘을 활용해 표준화된 틀로 이용자의 개별화와 표준화를 동시에 수행할 수 있다. 이용자들은 빅데이터에 따라 표준화된 개별자가 된다. 그러면서 빅데이터는 디지털 신이 된다. 인터넷으로 연결된 빅데이터는 무소부재이고 전지전능하다. 신의 전지전능과 무소부재는 그가 나를 전지적으로 알기 때문이다. 디지털 감시는 신과 빅브라더의 혼합물이다. 그것은 판옵티콘 감시보다 훨씬 더 영적이고 내재적인 힘을 발휘할 수 있다. 디지털 감시와 종교를 섞어 놓으면 완벽한 감시 체제를 만들 수 있다. 신과 빅데이터는 나를 개별화하고 표준화하면서 내 모든 행적을 바탕으로 내가 무엇을 할지 알려 준다. 빅데이터는 내 과거와 현재와 미래를 알고 있는 신보다 더 자상하게 내 미래를 알려 주고 인도한다.

저작권법

저작권은 지적 생산물에 대한 독점 지대다. 양도할 수도 있다. 이런 독점 지대는 제도와 법이라는 강제력을 통해 지탱된다. 무법천지에서 절취한 토지를 자기 것이라고 우기며 울타리를 치고 남이 들어오지 못하게 하는 행위나 이미 이 땅에서 사라진 저작자들의 권리를 보장한다는 명목으로 그들의 사후 75년이나 저작권을 인정하는 저작권은 독점을 통한 돈벌이다. 중간에 그 권리를 절취하거나 수취하고 대행해 돈을 버는 갖가지 마름 같은 존재들이 있다. 저작권 대행사, 변호사, 변리사 들이다. 저작권은 공동의 것에 대한 개입이자 절취다. 인터넷 저작권 세계의 가장 후미진 곳에서는 야비한 수법으로 뻉땅을 뜯는 저작권 대리인들이 도사리고 있다. 거대 기업 규모의 저작권 대리인에서부터 각종 예술가, 연예인 연합회에 이르기까지 저작권 대리인 단체는 다양하다. 서너 단체가 동시에 저작권을 관장한다며 다투기도 하고, 저작권 없는 저작물에 대한 저작권도 대신 관장해 주겠다며 엉터리 저작권 단체를 설립해 독점적 관리 권한을 취득하기도 한다.

인터넷 세상의 중심은 이용자와 기업이 제공하는 서비스다. 인터넷 연표는 1986년부터 2014년까지 인터넷 세상의 역사를 정리한 것으로 이용자, 기업, 기술, 사회운동 사이에서 벌어지는 복합적인 과정을 담고 있다.

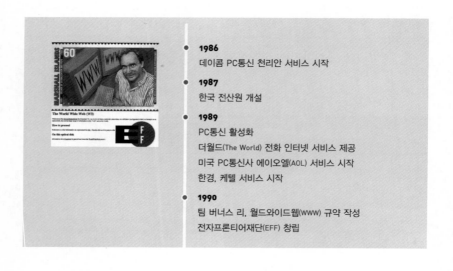

1986
데이콤 PC통신 천리안 서비스 시작

1987
한국 전산원 개설

1989
PC통신 활성화
더월드(The World) 전화 인터넷 서비스 제공
미국 PC통신사 에이오엘(AOL) 서비스 시작
한경, 케텔 서비스 시작

1990
팀 버너스 리, 월드와이드웹(WWW) 규약 작성
전자프론티어재단(EFF) 창립

1991

한국통신 인터넷 게시판 KIDS 개설

팀 버너스 리, WWW 실현

리눅스(Linux) 공개

1992

하이텔, 인터넷 소사이어티(Internet Society) 서비스 시작

1993

최초의 웹브라우저 모자이크(Mosaic) 공개

디지털 문화 잡지 와이어드(Wired) 창간

1994

브라우저 넷스케이프(Netscape) 공개

검색사이트 야후(Yahoo) 개시

코넷 인터넷 상용 서비스 시작

PC통신 나우누리 서비스 시작

정보통신부 발족

1995

윈도(Windows)95 출시

아마존(Amazon), 이베이(Ebay), 다음 개시

중앙일보 인터넷 신문

한글 검색 엔진 코시크 개시

정보화 촉진 기본법

정보통신윤리위원회 발족

1996
넥슨, 인터넷 머드게임 바람의 나라 출시
데이콤, 인터파크 개시
PC방 탄생
통신 관련 품위법
블루리본 캠페인
사이버스페이스 독립 선언
한국정보보호센터 발족

1997
다음 한메일넷 서비스 시작
PC통신 가입자 300만 명

1998
초고속 인터넷 서비스 상용화
구글(Google) 개시
온라인 게임 리니지 출시
딴지일보 창간
디지털 밀레니엄 저작권법(DMCA) 제정
저작권 기간 연장법(CTEA) 제정

1999
ADSL 서비스 개시
인터넷 이용자 수 1000만 명 돌파
인터넷뱅킹 서비스 시작
냅스터(Napster), 마이스페이스(Myspace), 네이버 개시
아이러브스쿨, 프리챌 서비스 시작
전자거래 기본법, 전자서명법 제정

2000
블로거(Blogger), 소리바다 개시
오마이뉴스 창간

2001

위키피디아(Wikipedia), 비트토렌트(BitTorrent),
아이팟, 아이튠즈 탄생
싸이월드 미니홈피 서비스 시작
미국 애국법(USA Patriot Act) 제정
CC(Creative Commons) 발족
정보통신망 이용 촉진법 제정

2002

무선랜 서비스 개시
한국 초고속망 가입자 1000만 명 돌파
게임 시장 규모 3조 원

2003

스웨덴 해적당 탄생
아이튠즈 스토어 서비스 시작
한국 인터넷 이용자수 2,922만 명 돌파

2004

페이스북(Facebook), 플리커(Flicker) 탄생
애플 아이튠즈 100만 곡 판매

2005

유튜브(Youtube) 탄생

2006

와이브로(Wibro) 상용화

트위터(Twitter) 탄생

2007

아이폰(iPhone) 출시

제한적 본인 확인제 시행

아이핀(I-pin) 제도 도입

2008

미국 쇠고기 수입 반대 촛불 시위

애플 앱스토어(Apple App Store) 서비스 시작

IPTV 상용 서비스 시작

방송통신위원회 발족

2009

세계금융위기

미네르바 사건

인터넷 진흥원 발족

클라우드 컴퓨팅 활성화 계획 수립

2010

스마트폰 가입자 700만 명

카카오톡 서비스 시작

2011
월스트리트 점거 운동
지적재산권 강화 법안인 SOPA·PIPA 발의
위조 및 불법복제방지 협정(ACTA) 통과
중동 민주화 운동
스마트폰 가입자 2000만 명
인터넷뱅킹 이용자 7000만 명
개인정보보호법 시행

2012
저작권 반대 운동
유럽연합(EU) '잊혀질 권리 법안' 제정

2013
미국 국가안보국(NSA) 프리즘 감시
국정원 대선 댓글 소동
일베 탄생
초고속 인터넷 1830만 가구
신용카드 개인정보 1억 건 유출

2014
인터넷 이용자 4008만 명
무선통신 가입자 5300만 명
스마트폰 가입자 3300만 명
인터넷뱅킹 등록 고객 9163만 명
인터넷뱅킹 이용 건 5399만 건, 금액 33조 3419만 원

주요 경향과 흐름

1990년부터 지금까지 인터넷 역사는 나눔과 독점, 열림과 닫힘, 자유와 통제 간의 싸움으로 이어졌다. 이것은 공유를 위한 이용자들의 노력과 지적재산권 강화 간의 갈등, 표현의 자유와 감시 간의 갈등으로 나타난다.

오늘날 한국 사람은 대부분 인터넷과 무선 전화를 이용하고 있다. 1990년대 중반에 공유와 자유의 신천지로 등장한 인터넷 세상에 2010년대 이후 독점과 감시의 어두운 그림자가 드리우고 있다. 구글, 페이스북, 트위터, 애플로 대표되는 거대 회사들의 시장 지배력이 커지고 국가기관의 감시와 통제는 걷잡을 수 없이 확대되고 있다.

　초창기부터 이어져 온 나눔과 공유의 꿈은 지적재산권의 강화에 따라 심각하게 도전받고 있다. 민주주의를 확장하고 자유로운 의사소통과 여론 형성을 주도하던 인터넷 공간이 정부의 개입과 고도화된 전자 감시와 교란으로 갈수록 혼탁해지고 있다. 2013년 한국에서는 신용카드와 관련해 1억 건이 넘는 개인 정보가 유출되는 사건이 벌어졌다. 앞으로 인터넷 세상은 이용자들의 적극적인 참여와 활동으로 자유를 확장하고 나눔과 공유의 이상을 구체화해 나갈까, 아니면 독점과 감시가 지배하는 '1984' 사회로 전락할까? 우리가 그 갈림길에 서 있다.

이곳은 몸과 사랑과 기억이 없는 곳

이전의 시간과 이후의 시간만

희미한 모니터 속에 있을 뿐

몸에 밝고 고요한 옷을 입히며

영원처럼 느리게

그림자를 순간의 아름다움으로 바꾸는 빛도 아니고,

관능을 비우고

세속의 애착을 씻으면서

영혼을 정화하는 어둠도 아니다.

이곳은 충만도 비움도 아니다.

오직 시간에 쫓긴

긴장된 얼굴들 위에 명멸하는 불빛뿐

산만한 주의를 통해 주의산만에서 벗어나며

망상으로 가득 차 얼이 빠진다.

집중하지 못하는 자의 부풀어 오르는 무관심

플랫폼에 들어가기 전과 들어간 후에 부는

찬바람에 날리는 이용자들과 비트 조각들이

이전의 시간과 이후의 시간에

병든 허파 속으로 들어갔다 나온다.

플랫폼은 아픈 영혼들을 시든 공기 속으로 토해 낸다.

감각이 마비된 군상이

음울한 구글, 페이스북과 트위터, 애플, 아마존, 네이버와 일베의 플랫폼을 휩쓰는 바람에 불려 나뒹군다.

여기에는 여기에는,

혼령들이 새처럼 지저귀는

인터넷 세상에는 어둠이 없다.★

반동

나는 21세기 인터넷 매도론을 쓰고 싶었다. 한국 사회의 인터넷 환경은 이
용자와 인프라, 서비스로 구성된다. 인프라는 선진적이지만 이용자 문화
와 기업의 서비스는 후진적이다. 갈수록 초기 인프라로 얻을 수 있던 장점
들이 사라지고 있다. 인프라의 물질 기반을 바탕으로 확장되었던 정보사
회 이데올로기는 이제 그 정점을 넘어 노골적인 힘으로 자기 모습을 드러
내기에 이르렀다. 최근에는 막무가내식 검열과 이용자를 참칭하는 조작과
개입까지 벌어지고 있다. 나는 이제 현실에 대한 반동이 필요하다고 생각
한다. 내가 말하는 반동은 균형과 새로움을 위한 행위다. 내 반동은 희망
을 건져 내기 위한 행동이다. 인터넷과 관련된 디지털 기술의 혁신적인 발

★ 이 시는 엘리엇의 〈네 개의 사중주(Four Quartets)〉 중 '번트 노튼(Burnt Norton)'의 3악장을 패
러디한 것이다. 원문은 이렇다. "Here is a place of disaffection/Time before and time after/In a dim
light: neither daylight/ Investing form with lucid stillness/Turning shadow into transient beauty/
With slow rotation suggesting permanence/Nor darkness to purify the soul/Emptying the sensual
with deprivation/Cleansing affection from the temporal./Neither plenitude nor vacancy. Only a
flicker/Over the strained time-ridden faces/Distracted from distraction by distraction/Filled with
fancies and empty of meaning/Tumid apathy with no concentration/Men and bits of paper, whirled
by the cold wind/That blows before and after time,/Wind in and out of unwholesome lungs/Time
before and time after./Eructation of unhealthy souls/Into the faded air, the torpid/ Driven on the
wind that sweeps the gloomy hills of London,/Hampstead and Clerkenwell, Campden and/ Putney,
Highgate, Primrose and Ludgate. Not here/Not here the darkness, in this twittering world."(T. S.
Eliot, 〈The Waste Land〉,《The complete poems and plays of T S Eliot》, Faber and Faber, 1978, pp. 173~174.)

전 때문에 사람들은 인터넷을 진보의 대명사로 여겼다. 그래서 실리콘밸리의 자유주의적인 '캘리포니아 이데올로기'[1]를 진보적인 태도로 받아들이기도 했다. 구글의 서비스, 애플의 기계, 페이스북과 트위터를 먼저 이용하는 사람은 사회적으로도 앞서 나가는 개척자로 꼽히기도 했다. 그러나 이런 움직임은 항상 경제적 이윤 창출과 깊게 연결되어 있다. 그 사업가들은 때때로 공유 경제나 공공재를 중시하고 오픈 소스를 지지하는 태도를 보이지만 그런 자세는 수익 창출을 겨냥하고 있다. 예상되는 수익이 없다면 그들도 종래 기업과 똑같이 행동한다. 더구나 구글과 페이스북은 독점체를 형성하고 이용자에 대한 일방적 지배를 행사하고 있다.

정보사회와 그것을 주도하는 실리콘밸리 IT 업체에 대해 비판적인 의견을 드러내면 기술 혐오자라는 낙인을 받거나 옛 시절의 향수에 젖은 과거 회귀적 낭만주의자로 몰린다. 나는 그 기업들이 기술과 경제를 연결해 이용자를 포획하는 현실 구조를 밝히고 싶었다. 이 기업들에 대한 정치적·경제적 비판은 현대사회와 그 속에 살고 있는 인간들에 대한 비판으로 연결될 수밖에 없다. 스마트폰의 대중적 보급, 구글의 알고리즘을 통한 지배, 페이스북의 소셜 그래프와 마케팅 결합 같은 사례에서 우리는 기술과 경제의 긴밀한 결합을 확인한다. 그것을 '디지털 신자유주의'[2]라 부르든 '인지자본주의'*라 부르든 기술적인 것과 경제적인 것을 서로 떼어 놓고 보면 안 된다. 아이폰과 구글로 수집한 정보는 우리의 감각 인지 작용에도

---

1 리처드 바브룩·앤디 카메론, 〈캘리포니아 이데올로기〉, 홍성태 엮음, 《사이버 공간, 사이버 문화》, 문화과학사, 1996.
2 에브게니 모로조프, 〈'공유경제'로 포장된 디지털 신자유주의〉, 《르몽드 디플로마티크 72》, 2014. 8. 26.
★ 인지자본주의의 틀은 자율주의, 프랑스 조절학파, 마르크스주의 등 다양한 분파로 구성되어 있으며, 내부에서 이런 문제를 둘러싼 논쟁이 진행되고 있다.

영향을 미치면서 돈벌이와 연결된다. 이 두 가지를 연결해 고려할 때만 인터넷 세상의 현실을 바로 볼 수 있다.

인터넷 세상은 현실 세계만큼이나 복잡해서 단번에 그 핵심으로 진입할 수 없다. 그래서 나는 패러디라는 우회로를 선택했다. 여러 갈래 길이 있었다. 지루하지만 활짝 열린 길, 어렵고 정교한 길, 거칠지만 가 볼 만한 길, 무섭지만 호기심을 끄는 길……. 나는 일단 '반동'의 방식으로 여정을 시작했다. 내가 반동을 선택한 이유는 현실의 반동을 파악하고, 그에 대한 내 반동이 필요한 시점이라고 판단했기 때문이다. 내가 선택한 반동은 복고나 청산주의가 아니다. 현실을 회피하지 않고 직접 몸으로 부딪치고 싶었고, 그러려면 용수철처럼 탄력 있게 반동해야 한다.

지난 20년간의 인터넷 세상을 파악하기 위해 아주 먼 옛날이나 오지 않은 미래와 현재를 충돌시켜 여행을 위한 길을 냈다. 그리고 나는 반동의 길을 걸어가는 발걸음의 리듬과 템포를 정했다. 지그재그로, 앞으로 갔다 뒤로 갔다, 현실을 치받고 그 반동을 느끼고 싶었다. 그래서 뒤틀면서 옆으로 한발 빠지고, 다시 정면으로 들어가 보고, 남의 이름으로 내 맘대로 써 보고, 현실과 가상을 엮어 보고, 오래된 것과 새것을 섞어 보기도 하고, 시와 소설과 희곡과 심포지엄과 평론을 반죽했다. 가능하면 일상에서 출발해서 다시 현실로 돌아오려고 노력했다. 이런 가짜 글쓰기 여행이 늘 그렇듯이 나는 별로 달라지지 않았고, 세상도 그렇다. 이것은 그냥 글이기 때문에 날 변하게 하지 못한다. 험한 바다로, 적에게로 나는 한 발짝도 다가서지 못했다. 변변한 출정가 하나 준비하지 않은 상태다. 부끄럽다. 이제부터 여러 면에서 좀 달라지기를 바란다.

감각 인지

인간의 감각은 '자연의 소산'이다. 그러나 감각이 지각으로 이어지고 그것이 정서와 감정, 의식, 행동으로 이어지면서 인간의 감각은 '인공의 소산'으로 변화한다. 미디어와 기술은 인간의 감각 비율 자체를 변화시킨다. 스마트폰과 인터넷으로 이루어지는 현대의 미디어 환경은 '인공의 소산'이지만 '자연의 소산'만큼 선천적인 환경이 되고 있다.

몸과 기억의 외부화 또는 기억의 상실, 의미의 결핍이 우리 감각을 교란한다. 나는 이 책을 쓰면서 몸과 기억이 사라지거나 외부로 이전되는 '감각 변혁기'에 인간과 사회가 어떻게 달라지는지를 보고 싶었다. 인터넷과 개인의 일상을 대조하고 과거와 미래를 현재와 충돌시키려고 했다. 인터넷은 디지털 시대의 새로운 몸이자 환경이다. 사람들은 보통 인터넷을 지식이나 정보 또는 글로벌 브레인처럼 뇌와 관련된 것으로 정의한다. 또는 인터넷을 정보사회의 글로벌 미디어 정도로 설정한다. 그러나 역설적으로 인터넷은 현대 사회의 신체다. 인터넷은 뇌뿐만 아니라 다양한 감각기관으로 구성된 디지털 '리바이어던'의 거대한 신체다. 그것은 개별 사회 구성원들의 몸을 무력화하는 거대한 체계다.

우리는 이미 인터넷과 헤어질 수 없는 관계 속에 존재한다. 인터넷은 존재의 집이 되어 버렸다. 인터넷은 스스로 지각하고 스스로 선별하고, 정보라는 에너지를 흡수하고, 이용자들의 활동 결과물을 집어삼키고, 그것을 상품으로 바꾸는 신진대사를 진행하며, 서로 다른 것을 섞으면서 생식하고, 그 결과로 비트와 가치를 증식한다. 내가 주목하는 지점은 인간 몸과 기억의 상실이 인터넷의 이런 가짜 신체 구축과 짝을 이루면서 진행되고 있다는 사실이다. 탈육체화된 비트가 다시 물질화되고 육체화되어 거대한 리바이어던으로 등장하는 세상을 상상해 보자. 그것은 매트릭스의 비유도

될 수 있고 디지털 리바이어던이나 빅데이터·빅브라더로 나타날 수 있다. 가짜 신체가 엄청난 에너지를 갖게 되고, 그것이 인간의 감각을 조작하고 지배하는 세상은 분명 인간의 역사를 가르는 지점이 될 것이다.

인터넷 자본주의

인터넷 세상은 현실 세계 이용자의 관심과 정서, 감정과 의지, 욕망과 흥분, 그들 사이의 의사소통을 통해 구성된다. 그래서 그것은 현실의 반영인 동시에 현실에서 뽑아낸 잉여 에너지의 이전으로 만들어지는 세상이다. 바로 이런 이유로 인터넷 세상의 사회관계는 한눈에 잘 드러나지 않고 은폐된다. 인터넷 세상에서 자본이 잉여 가치를 만들어 내는 방식과 자본을 축적하는 형태는 과거의 자본주의적 방식과 다르다.

인터넷은 아주 빠른 속도로 이용자의 몸과 정신을 다 소외시킨다. 그것은 친밀한 관계를 사이비 관계로 뒤바꾼다. 나와 나의 관계, 나와 너의 관계, 나와 세상의 관계를 비트로 교환해 거둬 간다. 그래서 인터넷은 이용자 몸(에너지 또는 노동, 활동)과 이용자 활동 결과물 간의 소외를 낳는다. 여기에 정보자본주의 사회의 착취와 소외 기제가 놓여 있다. 정보의 수평 공유를 목적으로 개발된 인터넷 기술이 인간관계의 수직 구조를 강화하는 것은 플랫폼 독점 때문이다. 이용자들이 스스로 구글과 페이스북의 플랫폼을 이용한다는 점 때문에 그 이면을 보지 못하고 있을 뿐이다.

인터넷에서 증류된 정보가 비트화된 감각을 통해 몸의 감각을 통과하지 않고 전해진다. 그것은 자연 속의 노동 대상과 대면할 필요가 없다. 사람들이 그것을 다른 증류된 정보와 섞으면 새로운 술을 만들 수 있기 때문이다. 더군다나 반쯤은 이미 만들어진 알고리즘을 통해 자동으로 만들어진다. 노동은 사라지고, 이미지가 만든 이미지와 언어가 만든 언어와 기호가 만든 기호를 서로 혼합하는 작업만 진행된다. 그러나 이 작업도 에너지를 소모하고, 그 작업 결과물이 비트로 전환되어 빅데이터로 축적된다는 점을 간과해서는 안 된다. 전통적 의미에서 보는 노동의 계기는 성립되지 않지만, 에너지와 에너지가 만든 비트 결과물이 이전되고 있다. 그리고 그것이 이 시대 축적의 한 축을 담당하고 있다. 자동화는 인터넷 세상의 조건이다. 그런데 인간 노동을 대체하는 자동화 기계보다는 인간 노동의 결과물을 자동 흡수하는 비트 기계가 더 무섭다. 물론 둘이 결합하기도 한다. 인간은 사이버 공간의 환상 속에서 자유롭게 활동하는 바로 그 시점에 자신의 활동 결과물을 자동으로 전유당한다.

정보와 에너지

정보는 현실의 존재가 탈물질화되면서 에너지와 결합해서 만들어진다. 그것은 에너지 없이 만들어지는 허공의 존재가 아니다. 정보는 물리적 실재이자 에너지를 갖는 물질이다. '탈물질화'되는 것은 정보가 아니라 인간의 몸과 기억이다. 그런 탈물질화에 에너지가 필요하고, 인터넷 이용자들이 스스로 그 에너지를 제공한다. 곧 자기 에너지를 투여해 자기 몸을 탈물질화하고 비트 정보로 바꾼다.

몸에서는 감각이 엉클어지고, 마음에서는 생각과 기억이 바깥으로 빠져나간다. 정보의 과잉 속에서 정보는 개인 이용자의 몸과 생각 속으로 침투하면서도 몸의 감각을 우회하고 기억을 요구하지 않는다. 언제 어디에나 존재하는 글로벌 브레인은 죽음과 부재를 용납하지 않는다. 복제의 반복과 조그만 차이의 재현을 위해 움직이는 인간에게 의미는 주어지지 않는다. 그들은 세상을 구성할 수 없다.

인터넷은 물질을 지배하는 중력의 세계와 그것의 지배를 받는 몸의 세계를 우회한다. 인터넷은 중력이 지배하는 물질의 세계를 탈물질화하거나 그것이 갖고 있는 에너지와 에너지의 결과물인 정보를 인터넷 세상으로 이전시킨다. 이전된 정보 에너지와, 육체 에너지와 정신 에너지의 결과물이 인터넷 세상을 구성하는 원료로 이용된다. 자본은 이 과정을 한 번의 프로그램으로 자동화해, 여기에 투여되는 생산수단을 간소화하고 절약한다. 이렇게 만들어진 인터넷 세상은 스스로 힘을 갖는다. 정보를 담고 있는 '헤아릴 수 없이 많은 비트'는 에너지가 전화된 형태고, 이것 역시 에너지 보존의 법칙에서 예외가 될 수 없다. 빅데이터는 현실 세계의 인간 에너지와 여러 다른 에너지가 인터넷 세상으로 이전된 것이다. 문제는 두 세계 간 에너지 비율이 역전되는 시점일 것이다. 우습게 들릴지 몰라도 앞으로 인터넷 세상의 에너지가 거꾸로 현실 세상으로 흘러나올 수도 있다. 이런 경향이 증강현실이나 삼차원 프린팅 등 새로운 기술에서 이미 어느 정도 드러나고 있다. 이 역전의 시기가 포스트 휴먼의 시대가 될지도 모르겠다. 아직까지는 현실 세계가 차지하는 비율이 높다고 볼 수 있지만 순식간에 에너지 양의 비율이 역전되면 이 세상의 엔트로피는 더욱 높아지게 된다. 현실 세계와 인터넷 세상 사이에도 열역학의 법칙이 적용된다고 봐야 한다. 그 에너지의 흐름이 역전될 때 인류는 엄청난 도전을 받을 것이다. 현재 에너지(열)는 현실 세상에서 인터넷 세상으로 흐르고 있지만, 향후 어느 시점에서 반대 흐름이 일어날지도 모른다. 지금까지는 현실이 조작과 가상을 만드는 모태였지만, 그때가 되면 정보가 현실을 만들어 낼 것이다.

인터넷 세상과 현실 세계는 일종의 '평행 우주'다. 나와 내 비트 반영물, 현실 세상의 내 에너지가 인터넷 세상으로 끝없이 빨려 들어가면서 만들어 내는 무수한 비트 반영물들이 공존하는 게 현실이다.

실천

아주 빨리 움직이거나 바깥을 볼 수 없는 상황에서는 속도를 느낄 수 없다. 인터넷 세상에서는 바깥을 볼 수 없도록 만드는 일종의 폐쇄 속도가 적용된다. 인터넷과 현실의 접점을 끊임없이 유지하고 복원하려는 의식과 실천을 방기할 때 인터넷은 속도 감각과 역사 감각을 집어삼키는, 바깥을 볼 수 없는 폐쇄된 공간으로 변한다. 두 세계 간의 긴장된 지점을 드러내고, 그 경계 영역을 확장해 두 세계 간의 에너지 흐름을 살펴보면서 개입과 실천의 장을 만들어 나가야 한다.

뇌와 뇌를 직접 연결하는 비트 에너지 시대에는 정보가 몸을 통해 전달되고 받아들여지지 않기 때문에 단순한 개체성조차 지탱하기 힘들어진다. 가장 확실한 개체성의 바탕인 자신의 몸과 그에 바탕을 둔 체험과 감각과 기억을 유지할 수 없기 때문이다. 가장 단순 명료한 대안은 장치에서 '물러서기'지만, 인터넷이 이미 생활의 환경이기 때문에 이것도 쉽지 않다.

존재의 시간을 증발시키는 인터넷의 동시성, 기억을 쓸모없게 만드는 빅데이터의 음모, 내용 없는 일상이 조성하는 역사의 불모성에서 삶의 의미가 뿌리내릴 수 있는 장소가 사라지고 있다. 이용자들은 반영물이 반영물을 무한히 반영하는 그 만화경 복제로 이루어지는 반사의 세계에서 벗어날 수 없다. 반영과 복제로 이루어지는 만화경 세상에는 죽음이 없다. 그곳에는 영원한 지속과 저장과 축적, 놀이, 소비만 존재한다. 그러나 그것에 대항하거나 그것의 영역 바깥으로 탈주하는 실천 자체가 삶의 의미를 회복하는 과정이다. 또 하나는 그 경계에서 이루어지는 현실에 대한 비판을 게을리 하지 않으면서 현실과 인터넷 세상의 접점과 경계를 눈에 보이도록 만들고, 그 범위를 넓혀 나가는 실천이다. 이 세상에서 실존하려면 투기성을 인지하고 죽음과 부재를 직시하면서 스스로의 삶을 구성하는 일에 착수해야 한다. 이를 위해서는 먼저 몸을 회복하고 물질의 구체성이 살아 있는 현장을 찾아 나서면서 자연의 감각을 되찾아야 한다.

인터넷 빨간책

지은이 | 백욱인

1쇄 발행일 2015년 1월 12일

발행인 | 김학원
경영인 | 이상용
편집주간 | 위원석
편집장 | 최세정 황서현
기획 | 문성환 박상경 임은선 최윤영 조은실 조은화 전두현 최인영 이혜인 정다이 이보람
디자인 | 김태형 유주현 임동렬 최우영 구현석 박인규
마케팅 | 이한주 김창규 이선희 이정인 이정원
저자 · 독자서비스 | 조다영 채한을(humanist@humanistbooks.com)
스캔 · 출력 | 이희수 com.
조판 | 홍영사
용지 | 화인페이퍼
인쇄 | 청아문화사
제본 | 정민문화사

발행처 | (주) 휴머니스트 출판그룹
출판등록 | 제313-2007-000007호(2007년 1월 5일)
주소 | (121-869) 서울시 마포구 동교로23길 76(연남동)
전화 | 02-335-4422 팩스 | 02-334-3427
홈페이지 | www.humanistbooks.com

ISBN 978-89-5862-746-3 03300

• 이 도서의 국립중앙도서관 출판시도서목록(CIP)은 e-CIP홈페이지(http://www.nl.go.kr/ecip)와
국가자료공동목록시스템(http://www.nl.go.kr/kolisnet)에서 이용하실 수 있습니다.(CIP제어번호: CIP2015000319)

만든 사람들
편집장 | 황서현
기획 | 정다이(jdy2001@humanistbooks.com) 전두현
편집 | 김정민
디자인 | 김태형 유주현